Omas Düsseldorfer Kochbuch

ANTON BRAUN

OMAS DÜSSELDORFER KOCHBUCH

Mit Geschichten un Verzällches
us de joode alde Ziet

Illustriert von Falko Honnen

J.P. BACHEM VERLAG

Meiner und allen Düsseldorfer Omas gewidmet

Die Deutsche Bibliothek – CIP Einheitsaufnahme
Braun, Anton:
Oma´s Düsseldorfer Kochbuch: Mit Geschichten un Verzällches us de joode
alde Ziet / Anton Braun. – 1. Aufl. – Köln: Bachem, 1997
ISBN 3-7616-1307-5

1. Auflage 1997
©J.P. Bachem Verlag, Köln, 1997
Illustrationen: Falko Honnen, Troisdorf
Redaktion: Georg Wieghaus, Köln
Einbandgestaltung, Layout, Reproduktionen und Satz: Heike Unger, Till Kaposty, Köln
Druck: Druckerei J.P. Bachem GmbH & Co. KG Köln
Printed in Germany
ISBN 3-7616-1307-5

Inhalt

Vorwort 9

SUPPEN

„Bulljong" mit Markklößchen
oder Eierstich 12
Feine Tomatensuppe 13
Rheinische Weinsuppe 14
Süße Brotsuppe 16
Winterliche Graupensuppe 17
Wurst-Brot-Suppe 18

EINTÖPFE

Linsensuppe 20
Bohnensuppe „Schneider Wibbel"   21
Eingebrannte Schrotsuppe 23
Grünkohleintopf 25
Hammel-Wirsing 26
Hammer „Kappes-Pott" 26
„Feine" Erbsensuppe 28
Rheinische Kartoffelsuppe 30
Steckrübeneintopf 30

FLEISCHGERICHTE

Eisbein mit Erbspüree 34
Falscher (April-) Hase 35
Gulasch nach Husarenart 36
Hammelkotelett mit sauren Bohnen 38
„Heinrich-Heine-Schnitzel" 40
Leberklöße 43

Kaninchenbraten 45
„Kappes mit wat drin" 45
„Muggels" Hasenpfeffer 46
Neandertaler Hirschkeule 49
Ochsenbrust in Kräuter-Sahne-Soße 51
Omas Rinderroulade 53
Radschlägers Röggelchen 54
Sauerbraten auf rheinische Art 56
Saure Nierchen 57
Schweinebraten „Jan Wellem" 57
Schweinebraten sauer „Pepse" 60
Sülze hausgemacht 61
„Wilde" Hammelkeule 61

GEFLÜGELGERICHTE

Düsseldorfer Martinsgans 64
Fasan „Jacobe von Baden" 66
Gefüllter Truthahn 69
„Huhn Marengo" 70
Feinstes Hühnerfrikassee 72

FISCHGERICHTE

Aal mit Salbeiblättern 74
Forelle in Mangold 74
Heringsstip 76
Maischolle 77
Muscheln auf rheinische Art 77
Salm (Lachs) nach rheinischer Art 80
Schellfisch in Senfsoße 81
Silvester-Karpfen 82

INHALT

EIERGERICHTE
Apfelpfannkuchen 84
Düsseldorfer „Bürger-Schmarrn" 85
Feine Russische Eier 87
Soleier 88
Verlorene Eier in
Kräuter-Sahne-Soße 89

KARTOFFEL- UND GEMÜSEGERICHTE – SALATE
Dicke Bohnen
„Schöne Rheinländerin" 92
„Döppedötz" 92
Düsseldorfer Pillekuchen 93
„Flönz"-Kartoffeln 95
Gurkensalat aus dem
„Gurkenland" 95
Heringssalat von
„de Oma ihr Oma" 97
„Himmel un Ehd" 98
Kartoffelklöße – mal so oder so...... 98
Kartoffelsalat für den
Heiligen Abend 99
Matjessalat „för feine Lütt".......... 100
Muttertags-Spargel 101
Omas (Lehm-)Mehlklöße 104
Omas Neujahrs-Salat 106
Omas Restepfanne 107
Omas Wooschtsalat 108

„Polizeifinger" á la Béchamel 108
Reibekuchen 110
Rübstielcher „von de Oma"........... 110
Spargel in feiner Soße 111
Spargel nach Pariser Art 112

KUCHEN & GEBÄCK
Düsseldorfer Muzen 114
„Düsselwellen" (Marmorkuchen) 115
Elisenküchlein 117
Gedeckter Apfelkuchen 119
Obst-Streuselkuchen..................... 121
Omas Pfeffernüsse 123
Weihnachts-Printen 123
Kokos-Makronen............................ 124
Spekulatius 125
Rheinischer Pflaumenkuchen 125
Waffeln auf rheinische Art 126

DESSERTS & SÜSSE SPEISEN
„Blauer Heinrich" 130
Eisbecher „Fortuna"...................... 130
Gefüllte Bratäpfel 132
Kürbis-Kompott süß-sauer 133
Omas Gries(g)kram 134
Omas „reiche Ritter"..................... 134
Omas Rumtopf 135
Rheinisches Rübenkraut 136
„Stiefe Ries mit Prumme"............. 138

Register 139

INHALT

GESCHICHTEN UN VERZÄLLCHES

„Am Äschermittwoch jibt et Heringsstip mit Pellmänner" 76

Auch Goethe kam wegen der "Wingsupp" nach Düsseldorf 15

Beim Streuselkuchen erteilte Oma „Geschichtsunterricht" 121

Blömkes un Jrönes op de Fensterbank 52

Calamares oder Heringssalat 97

Das Neandertal 49

Das schöne „Gurkenland" 95

Der besondere Charme vom Altstadt-Köbes 78

Der zweite November und „Huhn Marengo" 70

De Tour vermasselt 100

Doppelt genäht hält besser 25

Düssel – oder die große Klage eines kleinen Flusses 116

Düsseldorfer Radschläger 54

Es roch so nach Äpfeln und Nüssen 132

Hans Müller-Schlösser und sein „Schneider Wibbel" 22

Heinrich Heine – in Düsseldorf allgegenwärtig 40

In „Kappes"-Hamm gibt es nicht nur „Kappes" 27

Jacobe – die „wiße Frau" im alten Schloß 67

Jan Wellem und der Gießerjunge 58

„Jong, komm schnell röver ..." 111

Mehlbüdel – der Altstadtphilosoph 104

Mit zwei Zentnern Roggenschrot über die Hungerjahre 24

„Morje is Muttertag ..." 102

„Muggel" – ein Wilderer der besonderen Art 46

Nur Mut, Fortuna! 131

Omas Aprilscherze 35

Omas Bibelstunde: Mit de Linsesupp över de Disch jetrocke 20

Omas Bürgernähe 86

Omas elisabethanisches Kaffeekränzchen 118

Omas Familienkaffeeklatsch 127

Omas Familienplanung 84

Omas „grüne" Erfindung 75

Omas „Husarenstreiche" 37

Omas Karnevalsphilosphie 114

Oma op em Möhneball 87

Omas Rumtopf war eine Verschlußsache 136

Oma sagte noch „Paradiesapfel" ... 13

Omas Steckrüben-Sternstunde 31

„Professor Läwerwoosch" hatte ein Herz für Kinder 43

Rübenkraut oder „Knolli-Brandy"? 137

„Saure, wohlbekannte Düfte ziehen ahnungsvoll durchs Haus" 39

Inhalt

„Setz dich zu mich ..." 120

Tünnemann geht zur Marine 94

Über Ähzezäller und
Mäuseköttelanspitzer sagte Oma: 29

Us de Lamäng 107

Verlorene und fast verlorene Eier 89

Vor und nach der Martinsgans 64

Wir Düsseldorfer „besenftigen"
uns selbst 80

Wir haben 1:0 gewonnen 109

VORWORT

Um es gleich vorweg zu sagen: Eine urtypische Düsseldorfer Küche gibt es nicht. Sie ist eingebettet in die rheinische Küche und hat spezifische Ausprägungen gefunden. Oma dagegen war ein Düsseldorfer Urgestein. Sie stammte aus Düsseldorfs ältestem Stadtteil Bilk, wo heute noch die älteste Kirche der Stadt, Alt St. Martin, steht. Oma meinte, daß die aus der Düsseldorfer Altstadt eigentlich nur „Neubürger" seien; ein echter Düsseldorfer komme nun mal aus Bilk. Schließlich fließe die Düssel zuerst durch Bilk und dann durch die Altstadt.

Weil von den alten Germanen bis zu den Gastarbeitern unseres Jahrhunderts etliche Völker und Nationen ihre Spuren in unseren Kochtöpfen hinterließen, ist die Düsseldorfer Küche wirklich „international". Oma war daher der Meinung, daß die Ehrentitel der Stadt, wie „Klein Paris" oder „Tochter Europas", zu recht bestehen. In Wahrheit liebte Oma aber ihre althergebrachten Gerichte. Wenn sie fremde Einflüsse aufgriff, dann verfeinerte sie diese nach „Rheinisch-Düsseldorfer" Art.

Oma war gelernte Hotelköchin und ist in jungen Jahren weit in der „Welt" herumgekommen – am Rhein von Düsseldorf bis Wiesbaden und an der Mosel von Koblenz bis Trier.

In Kaub, wo in der Neujahrsnacht 1813/14 das preußisch-russische Heer über den Rhein setzte, um Napoleon endgültig aus deutschen Landen zu verjagen, hat sie mehrere Jahre im feinen Hotel Turm gearbeitet; immer mit Blick auf das Blücherdenkmal. Dort hat sie in der Küche ihrer kulinarischen Phantasie freien Lauf gelassen. Später, in Düsseldorf, hat sie dann manches gekocht, was eigentlich gar nicht „düsseldorfisch" ist – zum Beispiel das „Huhn Marengo". Immer wußte sie aber auch bei solch „fremdländischen" Gerichten einen Bezug zu ihrer Heimatstadt herzustellen.

Der häusliche Speiseplan folgte konsequent den jahreszeitlichen Angeboten aus Garten oder Markt. Es mußte sparsam gekocht werden, damit zu Festtagen – und die gab und gibt es im katholischen Rheinland genug – etwas Besonderes auf den Tisch kommen konnte. Die Familie wußte genau, daß es nach Fasan, Rebhuhn, der Martinsgans oder dem

VORWORT

Wildschweinbraten in den nächsten Tagen wieder einfacher zugehen würde. Warum auch nicht? Ein Eintopf, „Flönz", Kartoffeln oder Heringsstip waren auch Delikatessen; vor allem, wenn Oma sie zubereitet hatte. Außer leichten Suppen sind in dieser Rezeptsammlung keine Vorspeisen zu finden. Oma meinte: „Vorspeisen – dat is wat för de Franzose. Mer im Rheinland esse uns am Hauptjericht satt. E Süppche vörher, dat is nit verkeht; un ne Nachdisch jibt et och noch. Dat muß dann jenoch sinn".

Oma lebt schon seit 30 Jahren nicht mehr. Sie hat also das reiche und exotische Angebot an Obst und Gemüse auf unseren Märkten nicht mehr kennengelernt. Könnte sie heute noch einmal über den großen Markt am Karlplatz schlendern, die Augen würden ihr übergehen: „Wat et do nit alles jöft". Sicher hätte sie vieles ausprobiert, wenn ihr auch manches suspekt vorgekommen wäre.

Mir hat es viel Freude gemacht, Omas Gerichte noch einmal nachzukochen. Dabei fielen mir die Geschichten und „Verzällches" ein, die sie mir, ihrem Enkel, immer wieder erzählt hat. Ich habe versucht, sie in Omas Ausdrucksweise wiederzugeben. Ob es gelungen ist, sollen „klügere" Leute entscheiden. Eines weiß ich allerdings genau: Über die Schreibweise bestimmter Worte gehen in Düsseldorf die Meinungen zwischen Benrath und Kaiserswerth auseinander. Aber solange es kein wissenschaftlich abgesichertes Wörterbuch des Düsseldorfer Platt gibt, darf es jeder hoffentlich so schreiben, wie er es für richtig hält. Das hat auch Oma schon gemeint.

Nun wünsche ich Ihnen viel Freude beim Lesen der kleinen Geschichten und vor allem gutes Gelingen beim Nachkochen der „Düsseldorfer Spezialitäten á la Oma". Die Mengenangaben in den Rezepten sind übrigens für jeweils 4 Personen bemessen.

Anton Braun

Suppen

UN VÖRHER E SÜPPCHE

SUPPEN

„BULLJONG"
mit Markklößchen oder Eierstich

ZUTATEN:
*2-3 Sandknochen,
1 1/4 l Wasser,
2 Bouillonwürfel,
Schnittlauch, Petersilie (geschnitten bzw. gehackt)*

EIERSTICH:
*2 Eier,
4-5 EL kalte Fleisch- oder Knochenbrühe,
Salz, Muskatpulver,
2 EL Petersilie.*

MARKKLÖSSCHEN:
*50 Gramm Rindermark, 1 Ei, 40 Gramm Paniermehl,
1/2 Brötchen (eingeweicht und ausgedrückt), 1/2 sehr fein geschnittene Zwiebel,
15 Gramm Butter,
Salz, Muskatpulver*

I. BOUILLON: Knochen mit den Bouillonwürfeln im Wasser 90 Minuten kochen lassen. Die Knochen aus der Brühe nehmen, und die Brühe durch ein Küchensieb gießen, um abgekochte Knochensplitter aufzufangen. Auf dem Teller Schnittlauch über die Brühe streuen.

II. EIERSTICH: Eier in der Fleischbrühe mit Salz, Muskat und Petersilie verquirlen. Die Masse in eine ausgefettete Form geben, Form verschließen. 1l Wasser sehr heiß werden lassen, aber nicht zum Kochen bringen. Die geschlossene Form in das Wasserbad stellen, und in 30 Minuten die Masse stocken lassen, auf einen Teller stürzen und in kleine Würfel schneiden. Diese in die heiße „Bulljong" geben.

III. MARKKLÖSSCHEN: Rindermark zerkleinern, bei kleiner Hitze zerlaufen lassen, durch ein Kaffeesieb gießen und auskühlen lassen. Geschnittene Zwiebel in der Butter glasig dünsten. Die Markmasse schaumig rühren, Ei, Paniermehl, Brötchen, Zwiebeln unterrühren, mit Salz und Muskatpulver abschmecken und 30 Minuten kühl stellen. Mit angefeuchteten Händen kleine Klößchen formen, diese in die kochende Fleischbrühe legen, Hitze reduzieren; 10-15 Minuten ziehen lassen.

SUPPEN

FEINE TOMATENSUPPE

ZUTATEN:
500 Gramm reife Tomaten, 30 Gramm Butter, 2 EL Mehl, 1 l Bouillon, 1/2 Zwiebel, 1/2 Tube Tomatenmark, Salz, Pfeffer, Thymian, 1 Prise Zucker, 1/2 Becher (75 ml) süße Sahne, 2 EL Reis, 250 Gramm frischer Lachs (Salm) ohne Haut und Gräten

I. Tomaten heiß überbrühen, dann durch ein Küchensieb streichen, damit Haut und Kerne entfernt werden.

II. Butter erhitzen, Mehl und klein geschnittene Zwiebel darin andünsten.
Bouillon angießen, Tomatenmark und Tomatenmasse, Salz, Pfeffer, Thymian und Zucker hinzugeben, aufkochen lassen, Hitze reduzieren, und den Reis hinzugeben. Jetzt noch 15 Minuten leicht kochen lassen, abschmecken.

III. Lachs in Stücke schneiden und zusammen mit der Sahne zur Suppe geben, 15 Minuten ziehen lassen.

Beilage: Toastbrot mit Lachsbutter

Oma sagte noch: „Paradiesäpfel"

"Wat soll dä Quatsch? Jetzt sage se all Tomate. Dat stimmt aber nit. De Tomate heeße richtich Paradiesäppel; nur so bringt et Sinn. Die Eva konnt dem Adam im Paradies doch nit mit ne jröne un dozu och noch wurmstichije Appel verführe. Dä Appel konnt nur leuchtend rot sinn. Schließlich is Rot och de Färf der Liebe. Mer hann fröher all nur Paradiesappel jesaht."

Suppen

Da mußte „Tünnemann" gleich sein neu erworbenes Wissen loswerden:

„Oma, als ich neulich in Österreich wor, hann ich festjestellt, dat die do zu de Tomate Paradeiser sage donn. Hätt dat wat mit dinne Paradiesappel zo donn?"

„Sühste Jong, hann ich doch immer behauptet, dat de Tomate richtich Paradiesäppel heeße".

RHEINISCHE WEINSUPPE

ZUTATEN:
1 Flasche (0,75 l) Rhein- oder Moselriesling (halbtrocken), Saft einer Zitrone, 5 Eigelb, 2 ganze Eier, Zucker, 1 Päckchen Vanillezucker, 1 Becher (150 ml) süße Sahne, 200 Gramm Weinbeeren ohne Kerne

I. Wein aufkochen, Zitronensaft mit Eigelb, Eiern, Zucker und Vanillezucker verquirlen.

II. Unter ständigem Rühren (am besten mit einem Rührgerät) in den leicht kochenden Wein gießen und solange rühren, bis die Suppe schaumig geworden ist. Mit Zucker nach der gewünschten Süße abschmecken.

III. Etwas Suppe abnehmen, die Sahne darin verrühren und zusammen mit den Weinbeeren in die heiße, aber nicht mehr kochende Suppe rühren.

Beilage: süßes Kleingebäck

SUPPEN

Auch Goethe kam wegen der „Wingsupp" nach Düsseldorf

„Wo hütt de Künstler un Architekte sich treffe, im Malkaste mit dem schöne un stille Park, hann fröher, im späte 18. Jahrhundert, de Jacobis jewonnt. Johann Georg wor ne Dichter und sinne Broder Friedrich Heinrich ne Philosoph. Die hann Pempelfort zu ne Treffpunkt von de jeistige Welt jemacht. Do sinn se all jähn hinjekomme, die jrösten Jeister us de Litaratur un Kunst: Heinse, Wieland, Hamann, Humboldt, Iffland oder Herder. Dat wor ne richtije Musensitz, un do dörft och dä Dichterfürst Johann Wolfgang von Goethe nit fähle. Dä wor och nit emol bei uns, aber immer me lang, denn Goethe wor ne vieljereiste Mann, dä et nie lang an een Stell usjehalde hätt. Goethe is aber nit nur för de jeistige Jespräche zu de Jacobis jekomme. Ich meen, et wor villmie de Wingsupp, die em so joot jeschmäckt hätt. Die moßt et nämlich immer jäve, wenn he Düsseldorf un de Jacobis de Ehr erwiese hätt. No de Wingsupp stande och immer noch e paar Fläschkes Wing op em Disch; dobei hant se dann bis en de Nacht verzällt. Kinne Kalmeskäu, sondern alles över Jott un de Welt."

An die Jacobis erinnert in Derendorf noch die Jacobistraße und an das

SUPPEN

Geburtshaus der beiden Brüder in der Marktstraße 11 eine von Max Kratz geschaffene und vom Heimatverein „Alde Düsseldorfer" gestiftete Bronzetafel.

Zum 100. Todestag Goethes im Jahr 1932 stiftete der Heimatverein „Düsseldorfer Jonges" zur Erinnerung an den ersten Besuch des Dichters im Jahre 1774 eine Bronzeplatte, die von Adolf Nieder entworfen wurde und am Burgplatz 12 zu sehen ist. Hier stand früher der Gasthof „Prinz von Oranien", in dem Goethe im Juli 1774 wohnte.

SÜSSE BROTSUPPE

ZUTATEN:
*300 Gramm altbackenes Weißbrot,
1l Milch,
2 EL Zucker,
1/2 TL Zimt,
100 Gramm Rosinen,
150 Gramm getrocknete und eingeweichte Pflaumen oder Aprikosen, bzw. jeweils 75 Gramm Pflaumen und Aprikosen*

I. Das Weißbrot in kleine Würfel schneiden. Die Milch zum Kochen bringen, die Brotwürfel hinzugeben, und alles 10 Minuten köcheln lassen.

II. Pflaumen und Aprikosen klein schneiden, zusammen mit den Rosinen, dem Zucker und dem Zimt untermischen und 10 Minuten ziehen lassen (aber nicht mehr zum Kochen bringen).

SUPPEN

WINTERLICHE GRAUPENSUPPE

I. Fleisch in Bouillon 1 Stunde kochen, dann herausnehmen und auskühlen lassen.

II. Sellerie, Porree, Möhren, Wirsing, Petersilienwurzel und Kartoffeln putzen, klein schneiden und in die Brühe geben. Alles 20 Minuten kochen lassen. Jetzt die Graupen hinzufügen, umrühren und noch einmal 15 Minuten köcheln lassen.

III. Fleisch putzen, klein schneiden und zusammen mit der Petersilie untermischen und heiß werden lassen.

Beilage: Kümmelbrot mit Salzbutter

ZUTATEN:

750 Gramm mageres Suppenfleisch,
1 1/2 l Bouillon,
1/4 Sellerieknolle,
1-2 Stangen Porree,
4 Möhren,
1/4 Wirsingkopf,
1 Petersilienwurzel,
200 Gramm Graupen,
400 Gramm Kartoffelwürfel,
1 Bund Petersilie (gehackt)

Suppen

WURST-BROT-SUPPE

Zutaten:
200 Gramm altbackenes Graubrot, 50 Gramm geräucherter und durchwachsener Speck, 1 Zwiebel, 1 Bund Suppengemüse, 1 l Bouillon, 2 Tomaten (enthäutet), Salz, Pfeffer, Majoran, 1 EL Paprikapulver (edelsüß), 1/2 Becher (75 ml) saure Sahne, 250 Gramm Knoblauchwurst

I. Speck würfeln und mit der kleingeschnittenen Zwiebel anbraten. Suppengemüse und Brot ebenfalls klein schneiden und im Speck einige Minuten mitrösten. Bouillon angießen und zum Köcheln bringen.

II. Wenn das Brot richtig aufgequollen ist, zerkleinerte Tomaten, Salz, Pfeffer und Majoran hinzugeben und 20 Minuten kochen lassen.

III. Zum Schluß Paprikapulver und saure Sahne untermischen. Die Knoblauchwurst in kleine Würfel schneiden und einige Minuten in der heißen Suppe ziehen lassen.

Eintöpfe
MER ESSE US EENE POTT

EINTÖPFE

LINSENSUPPE

ZUTATEN:
400 Gramm Linsen, 400 Gramm durchwachsener und geräucherter Speck, 1 1/2 l Wasser, 1 EL Salz, Pfeffer, 500 Gramm Suppengemüse (Sellerie, Möhren, Porree), 300 Gramm Kartoffeln, 20 Gramm Griebenschmalz, 2 Zwiebeln, 100 Gramm fetter Speck, Essig

I. Linsen und Speck (am Stück) in 60 Minuten weich kochen. Speck herausnehmen, Kartoffeln schälen und würfeln, Gemüse putzen und klein schneiden, zu den Linsen geben und alles noch einmal 30 Minuten kochen. Mit Salz und Pfeffer abschmecken.

II. Den Speck zunächst in kleine Stücke schneiden und dann in die heiße Suppe geben.

III. Den fetten Speck und die Zwiebeln würfeln, im Schmalz ausbraten und unter die Suppe mischen. Auf dem Teller pro Portion 1 EL Essig untermischen.

Omas Bibelstunde:
Mit de Linsesupp över de Disch jetrocke

Im ersten Buch Moses (25, 27-34) des Alten Testaments ist von einem „Deal" mit Folgen die Rede. Isaak und Rebekka hatten zwei Söhne: Esau und Jakob. Esau war der ältere und als solcher durch das Erstgeburtsrecht auch Haupterbe. Als Esau einmal müde vom Feld kam und Hunger hatte, saß Jakob vor einem Topf mit Linsen. Esau bat seinen Bruder, ihm das Gericht zu überlassen. Jakob dachte nach und sagte zu Esau: „Ja, wenn du mir dafür dein Erstgeburtsrecht verkaufst". Esau muß wirklich sehr hungrig gewesen sein, denn er ging auf den faulen Handel ein. Das Erstgeburtsrecht konnte aber nur mit dem väterlichen

Eintöpfe

Segen in Kraft treten. Rebekka, die den Jakob mehr liebte als Esau, wußte Rat, wie man den blinden Isaak übertölpeln konnte. Esau war bis an die Hände stark behaart, während Jakob eine glatte Haut hatte. Rebekka umwickelte deshalb Jakobs Hände mit dem Fell einer Ziege, und als Isaak Jakobs Hände befühlte, glaubte er seinen Erstgeborenen Esau vor sich zu haben und gab ihm den erhofften Segen.

„Dat wor schon ne richtije Filou, dä Köbes", sagte Oma, als sie uns Kindern diese Geschichte erzählte.

BOHNENSUPPE
„Schneider Wibbel"

I. Bohnenkerne 24 Stunden im Wasser einweichen. Zusammen mit den Knochen, den Beinscheiben und den Bouillonwürfeln 90 Minuten kochen. Knochen und Fleisch aus der Brühe nehmen und die Beinscheiben auskühlen lassen. Die Brühe durch ein Küchensieb gießen, um abgekochte Knochensplitter aufzufangen.

II. Gemüse putzen, klein schneiden, Kartoffeln schälen und in kleine Würfel schneiden, alles in der Brühe mit den Bohnen 45 Minuten kochen; das abgestreifte Bohnenkraut mitkochen.

III. Beinscheiben putzen, das Fleisch in kleine Würfel schneiden und in die heiße Suppe geben. Jetzt noch einmal 15 Minuten ziehen lassen.

Beilage: Röggelchen mit Salzbutter

Zutaten:
2 Beinscheiben,
2-3 Sandknochen,
1 1/4 l Wasser,
2 Bouillonwürfel,
1-2 Stangen Porree,
2-3 Möhren,
1/4 Sellerieknolle,
je 150 Gramm weiße und bunte Bohnenkerne, 300 Gramm Stangenbohnen, 400 Gramm Kartoffeln, 3-4 Stengel Bohnenkraut

EINTÖPFE

Hans Müller-Schlösser und sein „Schneider Wibbel"

Wußten Sie eigentlich, daß der „Schneider Wibbel" von Hans Müller-Schlösser sogar in die Bantusprache Suaheli übersetzt worden ist? Dabei wollten die damaligen Düsseldorfer Theatergrößen Gustav Lindemann und Louise Dumont gar nicht so recht an die köstlich-satirische Komödie heran. Als man sich doch zur Aufführung entschloß, wurde es der größte Bühnenerfolg über viele Jahre. Seither feiert die „schöne Leich" zur Freude des Publikums immer wieder ihre „Auferstehung".

Der „Schneider-Wibbel" war Omas liebste Komödie. Sie hätte ihn sich gerne jedes Jahr aufs neue angeschaut, aber nicht im Fernsehen:
„Mer moß dat schon op de Bühne sinn, wenn dä Wibbel dörch de Jardine luert und säht: Wat bin ich doch för en schöne Leich!"

In der Rheinstraße, unter den Rathausarkaden, ist die bronzene Gedenktafel des Bildhauers Karl-Heinz Klein für Hans Müller-Schlösser und den „Schneider-Wibbel" angebracht. Neben dem Kopf des Dichters sind Figuren aus der Komödie zu sehen. die Inschrift gibt Schlössers Liebeserklärung an Düsseldorf wieder:

„Am Rhein bin ich geboren,
in Düsseldorf, am 14. Juni 1884 auf der Rheinstraße Nummer 10,
Hinterhaus, zweiter Stock.
Mit Düsselwasser bin ich getauft,
der Rhein tränkt meine Wurzeln,
und ich würde vertrocknen,
wenn ich mich in anderes Erdreich verplanzte."

Die 2,60 x 1,75 m große Platte wurde im Jahr 1973 vom Heimatverein „Düsseldorfer Jonges" gestiftet.

Vom Rathaus zur „Schneider-Wibbel-Gasse" sind es nur wenige Schritte. Dort findet man das Restaurant „Schneider-Wibbel-Stuben". An dessen Seitenfront sitzt in einer Nische im Schneidersitz der „Wibbel"; darunter eine Bronzetafel mit der freundlichen Aufforderung:

„Streichle den Wibbel ein kleines Stück,
du wirst sehen, er bringt dir Glück!"

EINTÖPFE

Viele „Glückssucher" haben bisher dem Versprechen geglaubt, denn Arm und Hände des Schneiders sind schon ein wenig abgegriffen. Über dem Eingang zum Restaurant ist die Schneider-Wibbel-Spieluhr; und täglich um 11, 13, 15, 18 und 21 Uhr kommt der Schneider pünktlich heraus, um seine Handwerkskunst zu zeigen.

EINGEBRANNTE SCHROTSUPPE

ZUTATEN:
200 Gramm Roggen- oder Weizenschrot, 6 EL Öl, 1 Bund Suppengrün, 1 Zwiebel (klein geschnitten), 1 1/4 l Bouillon, Salz, Pfeffer, Muskat, 2 Eier, 1/2 Becher (75 ml) süße Sahne, ein Bund Schnittlauch (in Röllchen geschnitten)

I. Öl erhitzen, Schrot kräftig durchrösten, Zwiebel hinzugeben und kurz mitrösten, Bouillon angießen und aufkochen lassen. Mit Salz, Pfeffer und Muskat würzen.

II. Hitze reduzieren, das klein geschnittene Suppengrün hinzugeben und 20 Minuten leicht kochen lassen. Dann Hitze völlig wegnehmen.

III. Eier in der Sahne verquirlen, unter die Suppe ziehen, Schnittlauch überstreuen.

Einlage: Mettwurstscheiben

Eintöpfe

Mit zwei Zentnern Roggenschrot über die Hungerjahre

Am 17. April 1945 wurde Düsseldorf von den amerikanischen Truppen besetzt. Am 15. und 16. April hatten die Nazis (fast) nichts mehr zu sagen und die Amerikaner noch nichts. Düsseldorf war sozusagen politisches Niemandsland. Das waren die Stunden der Düsseldorfer, und sie haben sie genutzt. Wie ein Lauffeuer verbreitete sich die Nachricht, daß die Lagerhäuser am Hafen nicht mehr bewacht seien. Weil außerdem die Amerikaner den Beschuß der Stadt weitgehend eingestellt hatten, machten sich viele Bewohner mit Wägelchen, Eimern und Säcken „op de Söck" zum Hafen. Natürlich auch Oma und Opa. Ihre Beute waren zwei Zentner Roggenkörner und 2 Fäßchen Rapsöl sowie einige Dosen Rindfleisch. An die besseren Sachen kamen sie wegen des großen Andrangs nicht heran. Oma war darüber gar nicht traurig, denn sie meinte, mit Schnaps, Wein und Schokolade könne man kaum die nächsten Jahre überleben. Und recht hatte sie.

Es gab nun also jeden Abend eine eingebrannte Schrotsuppe. Weil sie weder mit Sahne, Eiern und Mettwurst aufgebessert werden konnte, hat sie nicht so gut geschmeckt wie die hier vorgeschlagene aus „besseren Zeiten". Nahrhaft aber war sie. Nur die Vorbereitung war etwas kraftraubend. Der Roggen war nämlich nicht fertig geschrotet. Die harten Körner mußten in der Kaffeemühle mit der Hand gemahlen werden. Eine Aufgabe, um die sich jeder gerne gedrückt hat.

Wenn einmal gemault wurde, weil es bis auf Sonn- und Feiertage immer das gleiche zu essen gab, hatte Oma eine recht logische Erklärung parat. Getreideschrot und Öl seien schließlich die Hauptnahrungsmittel der römischen Legionäre am Rhein gewesen. Und was denen gut bekommen sei, könne ja auch für uns nicht schlecht sein. Das war natürlich nur ein schwacher Trost. Trotzdem hat die ganze Familie die schrecklichen Hungerjahre von 1945 bis 1947 einigermaßen unbeschadet überstanden.

EINTÖPFE

GRÜNKOHLEINTOPF

ZUTATEN:
2 kg frischer Grünkohl, 1 1/2 l Salzwasser, 500 Gramm Kartoffeln, 100 Gramm fetter Speck, 100 Gramm durchwachsener Speck, 2 - 3 Zwiebeln, 50 Gramm Schweineschmalz, 2 Knoblauchzehen (ausgedrückt), Pfeffer, Salz, 1 l Fleisch- oder Knochenbrühe

I. Grünkohlblätter von den Stielen streifen, die Blätter grob zerrupfen und 10 Minuten in Salzwasser kochen, abgießen.

II. Speck und Zwiebeln in kleine Würfel schneiden, im Schmalz ausbraten und Gemüse unterheben. Brühe angießen, mit Salz, Pfeffer und Knoblauch würzen. Alles auf kleiner Flamme heiß werden lassen, aber nicht mehr zum Kochen bringen.

III. Kartoffeln schälen, in Würfel schneiden und in 20 Minuten weich kochen. Abgießen, grob zerstampfen und unter das Gemüse mischen.

Beilage: Mettwurst

Doppelt genäht hält besser ...

... und deshalb war Oma beim Grünkohl nie zu sparsam mit Speck und Schmalz. „Ne Jrönkohl moß richtich flitschisch op de Zong sinn, dann rötscht dä besser dörch de Hals. Dommer doch noch e Stückske Speck dran, un dat Pöttche mit dem Schmalz moß och lier wähde."
Von „light food" hat Oma nie etwas gehalten, und deshalb war sie auch so „e kleen Knübbelche". Jedem ist es heute selbstverständlich freigestellt, den Grünkohl „einfach zu nähen" – nur: Ganz ohne Speck und Schmalz geht es nicht!

EINTÖPFE

HAMMEL-WIRSING

ZUTATEN:
750 Gramm nicht zu fettes Hammelfleisch, 1 kg Wirsing, Salz, Pfeffer, Muskat, 1 TL Kümmel, 500 Gramm Kartoffeln, 3/4 l Wasser, 1 Bouillonwürfel, 20 Gramm Schweineschmalz, 2 - 3 Zwiebeln

I. Hammelfleisch in größere Würfel schneiden, im Wasser mit dem Bouillonwürfel 60 Minuten kochen.

II. Wirsing klein schneiden, dicke Blattrippen herausschneiden, waschen. Kartoffeln schälen und in kleine Würfel schneiden, zusammen mit dem Wirsing und den Gewürzen in die kochende Hammelbrühe geben und 20 Minuten mitkochen. Noch einmal mit Salz und Pfeffer abschmecken.

III. Zwiebeln in Ringe schneiden, im heißen Schmalz bräunen, über Gemüse und Fleisch auf dem Teller verteilen.

Beilage: Krustenbrot mit Griebenschmalz

HAMMER „KAPPES-POTT"

ZUTATEN:
750 Gramm Schweinegulasch, 250 Gramm frisches Bauchfleisch, 40 Gramm Schweineschmalz, Salz, Pfeffer, 1 EL Kümmel, 3 zerdrückte Knoblauchzehen, 4 - 5 Zwiebeln, 1 kg Weißkohl (Kappes), 4 geschälte Tomaten, 1/4 l Bouillon, 3 EL Tomatenmark, 1 EL Paprikapulver (edelsüß), 1 EL Speisestärke

I. Bauchfleisch in große Würfel und Zwiebeln in Ringe schneiden. Schmalz erhitzen, Gulasch und Bauchfleisch kräftig anbraten; mit Salz und Pfeffer würzen. Nach 15 Minuten die Hitze reduzieren, Zwiebelringe, Kümmel, Knoblauch und Tomaten hinzugeben. Jetzt noch 20 Minuten schmoren lassen.

II. Weißkohl auf einem Gurkenhobel fein schneiden, zum Fleisch geben, gut durchrühren. Bouillon angießen, Tomatenmark unterziehen, und 60 Minuten köcheln lassen; dabei öfter umrühren. Zum Schluß etwas Brühe abnehmen, Speisestärke und Paprikapulver darin verquirlen und untermischen. Noch einmal kurz aufkochen lassen, dann Hitze völlig wegnehmen, und den Eintopf 10 Minuten ziehen lassen.

Beilage: Kartoffelklöße

EINTÖPFE

In „Kappes"-Hamm gibt es nicht nur „Kappes"

Weil hinter dem Deich zwischen dem Düsseldorfer Hafen und der Neusser Brücke die schönsten und größten Kohlköpfe wachsen, bekam das hier gelegene Dorf den Namen: „Kappes"-Hamm. Wer dort im Frühjahr über die Felder wandert, kann allerdings kaum noch glauben, daß er sich auf den Hammer „Kappes"-Feldern befindet. In allen bunten Farben blühen dann da die Stiefmütterchen und erfreuen des Städters Auge mehr als die Kohlköpfe. Aber bereits Mitte April, wenn die „Blumenpflanzen" vermarktet sind, verwandeln sich die Äcker wieder: Kohlpflanzen, Salat, Porree, Sellerie und Küchenkräuter überwiegen nun und versprechen einen nahrhaften und vitaminreichen Winter. Wer Hamm besucht (mit der S-Bahn geht das ganz komfortabel), sollte jedoch nicht nur auf „Kappes" oder Stiefmütterchen achten. Kurz vor den ersten Häusern, auf der Fährstraße, steht die barocke Jan-Wellem-Kapelle, zu der früher aus der Stadt Bittprozessionen führten. Heute wird sie vom Ökumenischen Patriarchat von Konstantinopel betreut. Für orthodoxe Christen finden dort regelmäßig Gottesdienste statt. In der Fährstraße 237 befindet sich das „Bruderhaus", das der kurfürstliche Hofrat Wilhelm Eustachius Daniels im 17. Jahrhundert erbaute. 1962 ging der schöne alte Bau in den Besitz des langjährigen Präsidenten des Heimatvereins „Düsseldorfer Jonges", Hermann H. Raths, über, der ihn in den Jahren 1968-69 restaurieren ließ. Heute befindet sich im „Bruderhaus" eine gutbürgerliche Gaststätte.
Wilhelm Eustachius Daniels ließ im Jahr 1709 übrigens auch die gegenüberliegende Rochus-Kapelle im barocken Stil errichten. In ihr fan-

EINTÖPFE

den der Erbauer und seine Gemahlin Maria-Elisabeth-Franziska von Contzen ihre letzte Ruhestätte. Die Geschichte des Hauses und der Kapelle ist auf einer Bronzetafel nachzulesen.

In der weiten Welt bekannt wurde Hamm aber nicht durch seinen „Kappes", seine Kapellen und Bürgerhäuser, sondern durch das „Hammer Fanfarencorps". Wo auch immer die Fanfarenbläser ihre Klänge ertönen lassen – ob in Düsseldorf oder den USA – heißt es: „Wenn die komme, dann wackelt de Wand".

„FEINE" ERBSENSUPPE

ZUTATEN:
500 Gramm geschälte grüne oder gelbe Erbsen,
1 1/2 l Fleisch- oder Knochenbrühe,
2 Möhren,
1/4 Sellerieknolle,
1 - 2 Stangen Porree,
500 Gramm Kartoffeln,
250 Gramm frische Erbsen, 100 Gramm durchwachsener und geräucherter Speck,
1 - 2 Zwiebeln,
20 Gramm Schweineschmalz

I. Erbsen in die kochende Brühe geben und insgesamt 90 Minuten kochen lassen, bsi sie völlig zerfallen sind. Dabei immer wieder umrühren, damit nichts anbrennt.

II. Möhren, Sellerie, Porree putzen, klein schneiden. Kartoffeln schälen und in kleine Würfel schneiden. Nach 60 Minuten zu den Erbsen geben. Zum Schluß die frischen Erbsen hinzugeben und 10 Minuten mitkochen lassen.

III. Speck und Zwiebeln würfeln, im Schmalz ausbraten und unter die Suppe mischen.

Einlage: Dünne Bockwurst- oder Mettwurstscheiben

EINTÖPFE

Über Ähzezäller und Mäuseköttelanspitzer sagte Oma:

„Ja, dat sinn de Lütt, die könne nix daför – mer muß se nähme wie se sinn. Die stonn och hinger de Jardine und luure, damit se och alles mitkrieje donn. Wenn se recht hann wolle, könne die et usrechnen bis zur siebte Stell hinger em Komma; un zwar ohne Täscherechner. Die sinn noch jescheiter als dä liebe Gott; dä weeß nämlich nur alles; die wisse aber alles besser. Die meene, se hätte immer recht; ob dat aber och immer richtich is – ich weeß et nit! Die sinn äve kniefieselich – un do könne se nix doför."

EINTÖPFE

RHEINISCHE KARTOFFELSUPPE

ZUTATEN:
750 Gramm Kartoffeln (mehlig kochend), 1 1/4 l Fleisch- oder Knochenbrühe, 1 Stange Porree, 1/4 Sellerieknolle, 3 - 4 Möhren, 1 Bund Petersilie (gehackt), 100 Gramm fetter Speck, 50 Gramm Schweineschmalz, 2 - 3 Zwiebeln

I. Kartoffeln erst schälen, dann würfeln und 30 Minuten in der Brühe kochen.

II. Porree, Sellerie und Möhren putzen, klein schneiden und nach 30 Minuten in die kochende Kartoffelbrühe geben und 15 Minuten mitkochen lassen.

III. Speck würfeln, im Schmalz ausbraten. Zwiebeln in dünne Ringe schneiden und im Speck bräunen, zusammen mit der Petersilie über die Suppe geben.

Einlage: Bockwürstchen

STECKRÜBENEINTOPF

ZUTATEN:
1 1/2 kg Steckrüben, 500 Gramm geräucherter Schinken am Stück, 1 l Wasser, 1 TL Salz, einige Speckschwarten, 1 - 2 Stangen Porree, 1/4 Sellerieknolle, 500 Gramm Kartoffeln, 2 Zwiebeln, 100 Gramm Griebenschmalz, 100 Gramm fetter Speck

I. Schinken im Salzwasser zusammen mit den Speckschwarten 90 Minuten kochen. Während dieser Zeit Steckrüben schälen und in fingernagelgroße Würfel schneiden. Porree und Sellerie ebenfalls putzen und klein schneiden.

II. Kartoffeln schälen, in Salzwasser 20 Minuten kochen, abgießen und zerstampfen.

III. Schinken und Speckschwarten aus der Brühe nehmen. Steckrüben, Porree und Sellerie in die Brühe geben und 45 Minuten kochen. Die zerstampften Kartoffeln unterheben, 50 Gramm Griebenschmalz hinzugeben.

Eintöpfe

IV. Speck und Zwiebeln in Würfel schneiden, im restlichen Griebenschmalz ausbraten und untermischen. Schinken zuerst in Scheiben, dann in Würfel schneiden und untermischen. Jetzt alles noch einmal 15 Minuten ziehen lassen, aber nicht mehr kochen.

Omas Steckrüben-Sternstunde

Nur mit aller Überredungskunst gelang es uns, Oma zu einem Steckrübeneintopf zu überreden. Ihre Erinnerungen an den grausamen „Steckrübenwinter" 1917/1918 waren so schlimm, daß diese dicke gelbe Rübe für sie der Horror schlechthin war. Oft hat sie uns von diesen Hungermonaten während des Ersten Weltkrieges erzählt, und das machte neugierig in Zeiten, in denen kein Mangel herrschte.
„Oma, wir möchten gerne einmal Steckrüben essen."
Lange ließ sie sich bitten, und dann hatte sie die rettende Idee:
„Ja, von nix kütt nix".
Sie ging auf den Markt und zum Metzger und kaufte all das ein, was aus der simplen Steckrübe ein wohlschmeckendes und vor allem sättigendes Gericht macht.
Oma wußte eben, wie es gehen kann, wenn die äußeren Umstände ent-

Eintöpfe

sprechend sind. So wurde dieses Gericht ihr liebster Eintopf – allerdings nur an kalten Wintertagen. Und wir freuten uns schon das ganze Jahr auf die Monate November bis Februar.

FLEISCHGERICHTE

WAT RICHTIJES
ZWISCHE DE ZÄNG

Fleischgerichte

EISBEIN MIT ERBSPÜREE

Zutaten:
2 kg gepökeltes Eisbein, 3 l Wasser, 1 EL Salz, 4 Lorbeerblätter, 6 Wachholderbeeren, 20 Pfefferkörner, 500 Gramm geschälte Erbsen, 1 l Wasser, Salz, 1/2 TL Pfeffer, 1 Zwiebel, 20 Gramm Schweineschmalz, 50 Gramm fetter Speck

I. Eisbein in 3 l Wasser mit Salz, Lorbeerblättern, Wachholderbeeren und Pfefferkörnern 90 Minuten kochen.

II. Erbsen in 1 l Wasser mit Salz kochen, bis sie zu Mus zerfallen sind (ca. 90 Minuten), dabei öfter umrühren, damit nichts anbrennt. Das Mus mit einem Rührgerät glattrühren.

III. Speck und Zwiebel würfeln, im Schmalz ausbraten. Das Erbspüree mit Salz und Pfeffer abschmecken, und die Speck-Zwiebel - Mischung unterrühren.

Beilage: Kartoffelpüree oder Sauerkraut

FLEISCHGERICHTE

FALSCHER (APRIL-)HASE

I. Hackfleisch mit Ei, Brötchen, geschnittenen Zwiebeln, Petersilie, Knoblauchsaft und den Gewürzen verkneten und 1 Stunde lang kühl stellen.

II. Eine eingefettete Kastenform mit den Schinkenscheiben auslegen. Die Hackfleischmasse einfüllen, Wiener Würstchen hineindrücken, mit Hackfleisch bedecken, und die Oberfläche glattstreichen.

III. Backofen auf 200° vorheizen, und den „Hasen" 70 Minuten backen. Aus der Form lösen und in dicke Scheiben schneiden.

Beilagen: Bratkartoffeln und Löwenzahnsalat

ZUTATEN:
500 Gramm gemischtes Hackfleisch, 1 Ei, 1 Brötchen (eingeweicht und ausgedrückt), 1 - 2 Zwiebeln 1/2 Bund Petersilie (gehackt), Salz, Pfeffer, 2 Knoblauchzehen (ausgedrückt), abgeriebene Schale einer ungespritzten Zitrone, 1 Prise Rosmarin, 1/2 TL Majoran, 2 Wiener Würstchen, 100 Gramm Schinkenspeck

Omas Aprilscherze

Als es Omas Aprilhasen gab, pünktlich zum 1. April, sagte sie: „Nit nur dä April mäkt wat he will. Ich kann dat och. Wenn ihr nur richtich hinkickt, is dat schon ne richtije Has. Die Been, die Ohre un dat Schwänzke mößt ihr üch schon dozudenke. Aber die Wööschkes drin, sinn de Filets von dä Has. Weil ich üch emol widder anjeschmiert hann, versprech ich aber, dat ich demnächst ne richtije Has mache donn. Dazu verzäll ich dann de Jeschicht vom Muggel, un die is jenau so jepfeffert wie dä Hasepfeffer".

Oma, wie oft hast du mich am 1. April „anjeschmiert". Für 20 Pfennig sollte ich beim Kaufmann ein Tütchen „Haumichblau" kaufen. Beim Optiker sollte ich das „Augenmaß" abholen, beim Installateur das Wasser mit der „Wasserwaage" wiegen lassen, beim Küster den „Palmesel" satteln lassen, im Laden an der Ecke zehn Windeier kaufen. Und ich sollte zur Brauerei gehen und dem Braumeister sagen, daß er das Bierbrauen einstellen müsste, weil „Hopfen und Malz" verloren seien.

Fleischgerichte

Als Oma aber einmal am 1. April sagte, ich solle für Opa eine Kanne „Düssel" in der Wirtschaft kaufen gehen, kam die Stunde meiner „Rache". Bis zur Düssel war es nicht weit und die Kanne war schnell voll. Mein Sparschwein hat sich gefreut, und Oma mußte herzlich lachen: „Wat biste doch för ne raffinierte Rotzig".

GULASCH NACH HUSARENART

Zutaten:
1 kg Fohlenfleisch,
75 Gramm fetter Speck, 40 Gramm Schweineschmalz,
500 Gramm Zwiebeln,
Salz, Pfeffer,
1 TL Majoran,
10 Pfefferkörner,
3 Lorbeerblätter,
6 Wacholderbeeren,
4 EL Tomatenmark,
1/4 l Rotwein,
1 EL Mehl

I. Fleisch, Zwiebeln und Speck würfeln. Schmalz heiß werden lassen, Fleisch zusammen mit dem Speck und den Zwiebeln kräftig anbraten.

II. Salz, Pfeffer, Majoran, Pfefferkörner, Wacholderbeeren, Lorbeerblätter hinzugeben, und alles 90 Minuten bei kleiner Hitze schmoren lassen. Zwischendurch den Wein angießen und das Tomatenmark unterrühren.

III. Mehl in etwas Wasser glattrühren, unter den Gulasch ziehen und noch einmal kurz aufkochen lassen.

Beilagen: Kartoffelklöße und Feldsalat

Fleischgerichte

Omas „Husarenstreiche"

„Denke soll mer de Pääds överlosse, die hann nämlich ne jrößere Kopp. Nohdenke muß mer aber schon als Koch, wie dat minne fröhere Freund bei de Husare jedonn hätt. Er konnt nit nur dä beste Päädsgulasch mache, sondern hätt mich och dat Rezept verrode. Von minne Freund verzäll ich üch nix, dat is nämlich min Intimsphäre – doför aber wat de Husare mit Düsseldorf zo denn hatte".

Von 1813 bis 1906 war in Düsseldorf das 2. Westfälische Husarenregiment Nr. 11 stationiert. Die Kaserne befand sich auf der Neusser Straße. An die Husaren erinnert am Polizeipräsidium eine Bronzeplatte.
1906 wurde das Regiment nach Krefeld verlegt, weil sich, wie es hieß, die Krefelder Damen beim Kaiser beschwert hätten, daß ihre Männer – die „Seidenbarone" – etwas zurückhaltend beim Tanz seien. Sie wünschten sich fesche und temperamentvolle Husaren. Wahrscheinlich lag der Grund des „Stellungswechsels" aber in militärisch- strategischen Überlegungen.

Fleischgerichte

Bei den vielen Manövern und schneidig gerittenen Attacken der Husaren ist so manches Pferd verunglückt und mußte erschossen werden. Dann erhob sich die Frage: „Wat mache mer mit dem Pääd?" Der „Küchenbulle" wußte meistens schnell Rat: „Gulasch nach Husarenart".

Die vom Polizeipräsidium zum Schwanenspiegel führende Straße hieß früher Kavalleriestraße. Nach dem Zweiten Weltkrieg wurde ein Teil in Jürgens-Platz umbenannt, im Gedenken an den Kommandeur der Schutzpolizei, Oberstleutnant Franz Jürgens, der zusammen mit einigen Düsseldorfer Bürgern wegen einer kampflosen Übergabe der Stadt im April 1945 mit den Amerikanern verhandelt hatte und dafür am 16. April 1945 vor ein Standgericht gestellt und in der Nacht zum 17. April auf dem Hof der Berufsschule an der Färberstraße erschossen wurde. An Franz Jürgens erinnert eine Gedenktafel am Polizeipräsidium.

HAMMELKOTELETT MIT SAUREN BOHNEN

Zutaten:
750 Gramm saure Bohnen, 2 Zwiebeln, 50 Gramm fetter Speck, 20 Gramm Schweineschmalz, Salz, Pfeffer, 1 TL Bohnenkraut, 8 Hammelkoteletts, 1 Prise Knoblauch, etwas Thymian, 30 Gramm Pflanzenfett

I. Bohnen waschen, Zwiebeln und Speck in kleine Würfel schneiden, im Schmalz ausbraten. Bohnen hinzufügen, etwas Wasser angießen, mit Salz, Pfeffer und Bohnenkraut würzen. 30 Minuten köcheln lassen.

II. Hammelkoteletts mit Salz, Pfeffer, Knoblauch und Thymian würzen. Im heißen Pflanzenfett von jeder Seite 5 - 8 Minuten braten.

Beilage: Salzkartoffeln

Fleischgerichte

„Saure, wohlbekannte Düfte ziehen ahnungsvoll durchs Haus."

Respektlos, wie wir Kinder nun mal waren, haben wir die Zeilen aus Eduard Mörikes Gedicht „Er ist's" einfach umformuliert. Zu Omas Zeiten gab es noch kein Dosen- oder Tiefkühlgemüse, nicht mal Einmachgläser – von der Tiefkühltruhe ganz zu schweigen. Oma hatte aber einen großen Garten mit vielen Stangenbohnen. Wohin mit dem überreichen Erntesegen ab Mitte August? Ab in das große Steingutfaß (Inhalt 50 Liter). Die Bohnen wurden geputzt und geschnitten und mit Salz und Wasser in das Faß gestampft. Ein Brett wurde darübergelegt und mit einem in ein Tuch eingewickelten Pflasterstein beschwert, so daß die Bohnen immer von etwas Flüssigkeit bedeckt waren.

Durch den Gärvorgang entstanden dann im Laufe von Wochen „saure Bohnen", deren Düfte durch den Keller und die Küche zogen.

Diese Arbeit braucht sich heute niemand mehr zu machen, denn es gibt die sauren Bohnen in Plastikbeuteln abgepackt zu kaufen.

FLEISCHGERICHTE

„HEINRICH-HEINE SCHNITZEL"

ZUTATEN:
4 Kalbsschnitzel (je 150 Gramm), Salz, Pfeffer (weiß), 50 Gramm Butter, 1/8 l Weißwein, 1 Becher (150 ml) saure Sahne, 750 Gramm Spargel, 1 Prise Zucker, 1 EL Speisestärke

I. Spargel schälen, die holzigen Endstücke abschneiden. Spargelabfälle 30 Minuten in Salzwasser auskochen. Etwas Butter und eine Prise Zucker in das Kochwasser geben. Die Abfälle aus dem Wasser fischen, und die Spargelstangen 10 Minuten kochen.

II. Schnitzel mit Salz und Pfeffer würzen und von jeder Seite 5 - 8 Minuten in der heißen Butter braten. Die Schnitzel herausnehmen und warm stellen.

III. Bratfond mit Wein loskochen; etwas abnehmen, auskühlen lassen, saure Sahne darin verquirlen. Die Speisestärke in den restlichen Fond geben, kurz aufkochen lassen; Hitze wegnehmen, und die saure Sahne einrühren. Noch einmal mit Salz und Pfeffer abschmecken.

IV. Schnitzel auf einer vorgewärmten Platte anrichten, die Spargelstangen darumlegen und die Soße übergießen.

Beilage: Butterkartoffeln

Heinrich Heine – in Düsseldorf allgegenwärtig

Mit dem „größten Sohn der Stadt" hat sich Düsseldorf lange schwer getan. Erinnert sei nur an den jahrelangen Streit um den Namen der Düsseldorfer Universität. Bei der Namensgebung für Straßen und Plätze war man etwas schneller. Am Wilhelm-Marx-Haus ist der Heinrich-Heine-Platz, und dort beginnt auch die Heinrich-Heine-Allee.
Am Schwanenmarkt steht das Heinrich-Heine-Monument des Bildhauers Bert Gerresheim, das am 17. Februar 1981 zum 125. Todestag des

FLEISCHGERICHTE

Dichters enthüllt worden ist. Darstellen soll es die gespaltene Persönlichkeit Heines. Der zweigeteilte Kopf ist der Totenmaske nachempfunden. Wenige Schritte vom Monumet entfernt, an einem Haus Ecke Bilker Straße – Südstraße, ist in großer Schrift Heinrich Heines „Liebeserklärung" an Düsseldorf nachzulesen:

„Die Stadt Düsseldorf ist sehr schön,

und wenn man in der Ferne an sie denkt

und zufällig dort geboren ist,

wird einem wunderlich zumute.

Ich bin dort geboren,

und es ist mir, also müßte ich gleich nach Hause gehen."

In seinem satirischen Versepos „Deutschland. Ein Wintermärchen" erwähnt Heinrich Heine Düsseldorf nicht. Sicher wollte er seine Vaterstadt nicht „en de Pann haue".

In der Bilker Straße 14 befindet sich das Heinrich-Heine-Institut mit Museum, Bibliothek und Archiv. Die Arbeit des Instituts konzentriert sich ganz auf Leben, Werk und Wirken des Dichters.

In der Bolkerstraße 53 steht noch das Geburtshaus Heines. Hier befindet sich heute die Geschäftsstelle der Heinrich-Heine-Gesellschaft, das Literaturbüro Nordrhein-Westfalen e.V. sowie eine Gaststätte mit „Literaturtreff".

Neben dem Geburtshaus, im Gastraum der Hausbrauerei „Zum Schlüssel", sind zwei Gußplatten zum Andenken an Heine angebracht. Auf einer Platte sind die ersten Zeilen der Ballade „Schelm von Berge" nachzulesen:

„Im Schloß zu Düsseldorf am Rhein

wird Mummenschanz gehalten;

da flimmern die Kerzen, da rauscht die Musik,

da tanzen die bunten Gestalten."

Ebenfalls in der Bolkerstraße, in der Gaststätte „Im Goldenen Kessel", steht eine Büste Heines, umrahmt von Texten seiner Dichtung. Gleich nebenan waren früher die „Heinrich-Heine-Stuben", ein feines Restaurant mit vielen Erinnerungsstücken an den Dichter.

Auf dem Napoleonsberg im Hofgarten steht eine der schönsten deut-

Fleischgerichte

schen Gedenkstätten, das Heinrich-Heine-Denkmal „Harmonie" von Arestide Maillot aus dem Jahre 1953, gestiftet vom Kunstverein für die Rheinlande und Westfalen. Die schön gestaltete Figur soll eine Vision des Dichters symbolisieren: Die Harmonie von Geist und Leben, von Weltoffenheit und Weltabkehr.

Auch Oma hat in jedem Jahr an Heinrich Heine gedacht, und zwar am 10. Juni; und sie hat zu seinen Ehren das „Heinrich-Heine-Schnitzel" erfunden. Sie meinte, Heinrich Heine habe am 10. Juni Namenstag. Dabei störte es sie nicht, daß Heine als ehemaliger Jude und getaufter Protestant gar keinen Namenstag feierte. Sie meinte, jeder Christenmensch habe nun mal einen Namenspatron. Opa sagte daraufhin meistens spöttisch, Oma habe Heinrich von Bozen, den Patron der Holzfäller, nur ausgesucht, weil Heinrich Heine politisch wie publizistisch so etwas wie die „Axt im Walde" gewesen sei. Das wollte Oma auf gar keinen Fall gelten lassen. Von allen heiligen Heinrichen habe doch nur der von Bozen im Juni Namenstag, also genau in der Spargelzeit.

FLEISCHGERICHTE

LEBERKLÖSSE

I. Lebermasse mit der in Butter gedünsteten Zwiebel, mit Brötchen, Eiern, Gewürzen, Petersilie und Mehl gut verkneten. Wenn die Masse zu weich ist, noch etwas Mehl oder Paniermehl unterkneten. Alles 1 Stunde kühl stellen.

II. Bouillon zum Kochen bringen, dann Hitze so weit reduzieren, daß die Brühe nicht mehr kocht. Mit einem Eßlöffel Klöße aus der Lebermasse stechen und in die heiße Bouillon gleiten lassen. Die Brühe anschließend zum leisen Kochen bringen, und die Klöße darin 20 Minuten garen. Nach 10 Minuten die Hitze völlig wegnehmen und den Topf verschließen. Die Klöße herausnehmen.

III. Speck in kleine Würfel schneiden, im heißen Schmalz ausbraten und über die Klöße geben.

Beilagen: Sauerkraut und Kartoffelpüree

„Professor Läwerwoosch" hatte ein Herz für Kinder

Wer wissen möchte, wie er ausgesehen hat, mit seinen langen und ungewaschenen Haaren, seiner stets schmuddeligen Kleidung, dem fast zahnlosen Mund, der sollte sich im Gastraum der Hausbrauerei „Zum Schlüssel" in der Bolkerstraße die Reproduktion der Lithographie von Carl Maria Seyppel anschauen.
Wie der „Ehrentitel Professor" schon sagt, war er ein durchaus gebildeter Mann, der irgendwie unter die Räder der Gesellschaft gekommen war. Seinen Namen bekam er, weil er die Leberwurst über alles liebte. Nur die könne er mit seinen beiden letzten Zähnen beißen, meinte er. Auch in der „guten alten Zeit" hatten Kinder Lernprobleme in der Schu-

ZUTATEN:
400 Gramm gemahlene Rinderleber,
2 Brötchen (eingeweicht und ausgedrückt), 20 Gramm Butter, 1 Zwiebel (sehr fein geschnitten),
1/2 Bund Petersilie (gehackt), 2 Eier,
1/2 TL Salz,
1/4 TL Pfeffer,
1/2 TL Majoran,
1 Prise Muskatpulver,
2 - 3 EL Mehl,
100 Gramm geräucherter, durchwachsener Speck, 20 Gramm Schweineschmalz,
1 l Bouillon

Fleischgerichte

le, und häufig konnten weder Vater noch Mutter Nachhilfeunterricht geben oder die Betreuung der Schulaufgaben übernehmen. Da hieß es dann:

„He häste fuffzig Pennig, damit jehste zum Professor Läwerwoosch, dä kann dich dat jenau verklickere".

Mutter wird sich oft gewundert haben, daß ihre Kinder bei solchen Nachhilfeaktionen immer einen besonderen Appetit hatten, aber nur Brötchen mit Leberwurst mitnehmen wollten. Mehr noch wunderte sie sich darüber, daß ihre Kinder, wenn sie zurückkamen, die Taschen voller Klümpges hatten.

Die Lösung war eigentlich ganz einfach:

Weil der kluge Mann ein „Herz für Kinder" hatte und mit seinem Wissen nicht reich werden wollte, verzichtete er auf das Honorar und begnügte sich mit den Leberwurstbrötchen. Was nun die „Klümpges in dä Täsch" betraf:

„Die hätt uns dä Professor Läwerwoosch jeschenkt, weil mer so joot opjepaßt hann und so fleißg wore."

Soviel Logik hat selbst Mutters Mißtrauen entwaffnet.

FLEISCHGERICHTE

KANINCHENBRATEN

ZUTATEN:
*2 Kaninchenkeulen,
2 Kaninchenrücken,
Salz, Pfeffer,
je 1/8 l Weißwein
und Fleischbrühe
40 Gramm Butter,
2 EL Mehl
4 EL süße Sahne*

I. Kaninchenrücken in jeweils zwei Teile schneiden, Kaninchenkeulen ganz lassen. Mit Salz und Pfeffer einreiben.

II. Butter erhitzen, Kaninchenteile kräftig anbraten; Hitze reduzieren, nach und nach Wein und Brühe angießen, und alles 45 Minuten schmoren lassen.

III. Fleisch herausnehmen, warm stellen. Bratfond mit Mehl andicken, noch einmal abschmecken, Sahne unterrühren. Kaninchenteile wieder einlegen und noch 15 Minuten ziehen lassen.

Beilagen: gemischtes Feingemüse, Salzkartoffeln

„KAPPES MIT WAT DRIN"

ZUTATEN:
*750 Gramm Weißkohl,
500 Gramm gemischtes Hackfleisch,
Salz, Pfeffer,
1 Zwiebel,
1 Bund Petersilie
(gehackt), 40 Gramm
Margarine*

I. Den Weißkohl einige Minuten kochen, herausnehmen; die großen Blätter vorsichtig ablösen und auf einem Brett ausbreiten.

II. Die inneren kleinen Blätter grob zerhacken. Dann mit Salz, Pfeffer, geschnittener Zwiebel und Petersilie unter das Hackfleisch mischen.

III. Die Hackfleischmasse auf die Weißkohlblätter verteilen, die Blätter aufrollen und mit einem Bindfaden umwickeln.

IV. Die Kohlrouladen in der heißen Margarine 45 Minuten braten, dabei einmal wenden und ggf. etwas Brühe angießen.

Beilage: Petersilien-Butter-Kartoffeln

Fleischgerichte

„MUGGELS" HASENPFEFFER
vom ganzen Hasen

Zutaten:
1 Wildhase, Salz, Pfeffer, 3 EL Mehl, 150 Gramm fetter Speck, 30 Gramm Fett, 2 - 3 Zwiebeln, 2 Knoblauchzehen (ausgedrückt), 1/4 l Bouillon, 1/4 l Rotwein, Thymian, Rosmarin, 3 EL Johannisbeergelee, 2 cl Weinbrand, 1 EL Zitronensaft

I. Den Hasen außen und innen gut waschen, in größere Stücke schneiden (Knochen nicht entfernen), Keulen und Rücken in jeweils 3 Teile zerlegen, Herz und Leber ebenfalls klein schneiden.

II. Speck und Zwiebeln würfeln und im Fett anbraten. Fleischstücke hinzugeben und kräftig anbraten. Jetzt mit Salz und Pfeffer würzen und mit Mehl bestäuben. Nach und nach Bouillon und Rotwein angießen; mit Knoblauchsaft, Thymian und Rosmarin würzen. Bei geschlossenem Deckel 60 Minuten schmoren lassen.

III. Johannisbeergelee, Weinbrand und Zitronensaft untermischen, noch einmal abschmecken.

Beilagen: Kartoffelklöße und Preiselbeerkompott

Muggel - ein Wilderer der besonderen Art

Zu Omas Zeiten wurden Kinder nicht vor den Fernseher oder Computer „aufgeräumt". Trotz Waschtag, Hausputz, Gartenarbeit hatten die Omas Zeit genug, ihren Kindern und Enkelkindern Geschichten zu erzählen.
„Oma, verzäll doch noch emol wat vom Muggel - wat hätt dä denn noch alles anjestellt?"
Oma wußte viel über den Johann Muckel, der in der Mitte des vorigen Jahrhunderts die Speeschen und Hatzfeldschen Wälder im Norden Düsseldorfs unsicher machte. Eine zweifelhafte Person war er sicher, und mit mehr als 20 Vorstrafen würde man ihn heute als „Gewohnheitsverbrecher" bezeichnen. Er und seine Zeitgenossen sahen das anders - wie sonst hätte er ein Düsseldorfer Original werden können?
Seine Auffassung von Recht und Unrecht war ebenso einfach wie lo-

Fleischgerichte

gisch. Er meinte, Gott habe die Hasen und Rehe für alle Menschen erschaffen, und deshalb dürften auch nicht nur die Reichen auf Jagd gehen. Bis auf die Sache mit den Hasen und Rehen war der „Muggel" auch ein durchaus „ehrlicher" Mensch. Das hat er zum Beispiel einmal dem Grafen Hatzfeld in Kalkum klargemacht. Dieser wollte den „Muggel" als Wildhüter einstellen. Der „Muggel" lehnte das sicher gutgemeinte Angebot ab. Er könne doch nicht gleichzeitig wildern und auf das Wild aufpassen.

Auch der Düseldorfer Gefängnispfarrer Gerst (Jääsch) machte seine Erfahrungen mit der gutmütigen Schlitzohrigkeit des „Muggel". Als der wieder einmal aus dem Gefängnis entlassen wurde, hielt der Pfarrer ihm eine rechte Gardinenpredigt, die dem „Muggel" sehr zu Herzen gegangen sein muß. Bereits wenige Stunden später stand er wieder im Pfarrhaus, hielt einen frisch erlegten Hasen in der Hand und meinte, dieser sei für Hochwürden. Dessen Worte hätten ihn so angerührt, daß er das erste erlegte Wild dem Pastor schenken müsse.

Um das „Auge des Gesetzes" hinters Licht zu führen, war „Muggel" nie um neue Ideen verlegen. Das von ihm erlegte Reh war bei den Wirten der Altstadt sehr gefragt. Es mußte aber erst durch die Stadttore geschmuggelt werden, und den „Muggel" hatten die Aufpasser „auf Sicht". Manchmal versteckte er seine Beute einfach in einem Beerdigungswagen oder in einer Hochzeitskutsche. Einmal hat er die Obrigkeit auf eine für ihn typische und witzige Weise geleimt. Er stand vor dem Ratinger Tor, hatte einen Sack in der Hand. Als die Wächter nach dem Inhalt schauen wollten und den Sack öffneten, sprang ein kleiner Hund heraus und lief davon. „Muggel" war da recht empört und sagte, daß er diesen Hund für einen Bekannten gesucht und wieder eingefangen habe. Die Mühe sei aber jetzt umsonst gewesen. Also ging „Muggel" erneut auf „Hundejagd" und stand nach zwei Stunden wieder am Tor – den verbundenen Sack in der Hand. Noch einmal dürfe der Hund nicht entwischen, schließlich sei es schon fast Abend, und das arme Tier müsse endlich zu seinem Herrchen zurück. Die gestrengen Hüter hatten ein Einsehen, „Muggel" durfte unkontrolliert passieren, und der Hund hatte sich in „wunderbarer" Weise in einen ausgewachsenen Hasen verwan-

Fleischgerichte

delt. Für Oma war der „Muggel" eine „endlose Geschichte". Ob alles stimmte, was sie uns erzählte, hat niemanden interessiert. Die Hauptsache war, daß Oma erzählte, und dabei haben wir Dötzen das Räuber-und-Gendarm-Spielen völlig vergessen.

Wer gerne mehr über den „Muggel" wissen möchte, sollte die Gaststätte „Zum Wilddieb" auf der Hohe Straße besuchen. Schon über dem Eingang lädt ein „Portrait" des „Muggel" den Besucher freundlich ein.

===== FLEISCHGERICHTE =====

NEANDERTALER HIRSCHKEULE

ZUTATEN:
1 kg Hirschbraten (aus der Keule), Salz, Pfeffer,
8 Wacholderbeeren,
100 Gramm fetter Speck (in feine Streifen geschnitten),
75 Gramm Margarine,
1 Möhre, Saft einer halben Zitrone,
1/4 l Bouillon,
1/8 l Rotwein,
1 EL Speisestärke,
1 Becher (150 ml) saure Sahne

I. Fleisch mit Salz und Pfeffer einreiben und mit den Speckstreifen spicken. Margarine erhitzen, die Keule von beiden Seiten kräftig anbraten.

II. Hitze reduzieren, Wacholderbeeren und kleingeschnittene Möhre hinzugeben und ca. 30 Minuten braten lassen. Dabei nach und nach Bouillon und Rotwein angießen.

III. Fleisch herausnehmen, warm stellen, den Bratenfond durch ein Küchensieb passieren. Speisestärke in etwas Bouillon verquirlen, unter die Soße mischen, kurz aufkochen lassen. Mit Zitronensaft und ggf. etwas Salz und Pfeffer abschmecken. Etwas Soße abnehmen, kurz auskühlen lassen, und die saure Sahne darin verquirlen, dann wieder zur restlichen Soße gießen.

Beilagen: Kartoffelklöße und Preiselbeerkompott

Das Neandertal

Einmal im Jahr gab es für Oma, Opa und den „Rest" der Familie einen Pflichtausflug ins nahe gelegene Neandertal. Oma duldete keinen Widerspruch, wenn dem „Ältesten Düsseldorfer" die Referenz erwiesen werden sollte. Allerdings wurden wir nie den Verdacht so ganz los, daß es mehr die „Neandertaler Hirschkeule" in einem der Ausflugslokale war, die Oma immer wieder in das schöne Tal zog. Der Besuch bei den „alten Knochen" im Museum war jedenfalls wesentlich kürzer als das gemütliche Beisammensein im Restaurant, und dabei erzählte Oma Jahr für Jahr die Geschichte des Neandertalers und seines Entdeckers: Welch ein Glück für den schönsten Teil des Düsseltales zwischen

FLEISCHGERICHTE

Erkrath und Gruiten und für den Urzeitmenschen, daß der Pfarrer und Organist zu St. Martin in Düsseldorf, Joachim Neumann, der Mode seiner Zeit folgte und seinen Namen in „Neander" gräzisierte (die alten Griechen nachahmend). „Neumannstal" oder „Homo Neumannstaler" klingt doch viel prosaischer als „Neandertal" oder „Homo Neandertaliensis".

Für Joachim Neumann war das idyllische Tal der „Nabel der Welt". Viele Stunden und Tage verbrachte er zwischen den 20 bis 30 Meter hoch aufragenden Kalkfelsen, besang die Schönheit des Tales und dichtete dort das bekannte Kirchenlied „Lobe den Herren, den mächtigen König der Ehren."

Bekannt wurde das schöne Tal aber durch einen Fund von wirklich weltgeschichtlicher Bedeutung. Als die Kalkfelsen abgebaut wurden, fand man dort im Jahr 1856 in der Feldhofergrotte merkwürdige alte Knochen. Nur einer erkannte gleich, daß es sich um die Überreste eines Vorzeitmenschen handeln müsse. Es war der Elberfelder Naturkundelehrer Johann Carl Fuhlrott. Nur der Fund und die präzise Definition brachten ihm wenig Glück. Die Fachwelt lachte ihn aus: „Diluviale Menschen (Vorzeitmenschen) habe es nicht gegeben", so das Urteil der hochgelehrten Herren. Erst

FLEISCHGERICHTE

nach Fuhlrotts Tod erwies es sich, daß der „Schulmeister" recht hatte, denn an anderen Stellen Europas wurden vergleichbare Knochenfunde gemacht.

Wer wissen möchte, wie der „Homo Neandertaliensis" ausgesehen hat, sollte das Museum im Tal besuchen. Dort gibt es Abgüsse der Knochenreste zu sehen und auch Gegenstände des täglichen Gebrauchs dieser Vorzeitmenschen. Gerade einmal 150 cm „groß" war der „kleine Kerl", an Armen und Beinen mit mächtigen Muskelpaketen ausgestattet, mit niedriger Stirn und einem breiten Knochenwulst über den Augen. So steht er als Steinfigur im Garten eines Ausflugslokals im Neandertal.

Die köstliche Neandertaler Hirschkeule wird er kaum einmal genossen haben. Hirsche gab es damals zwar genug – woher aber den fetten Speck, den Zitronensaft und die saure Sahne nehmen?

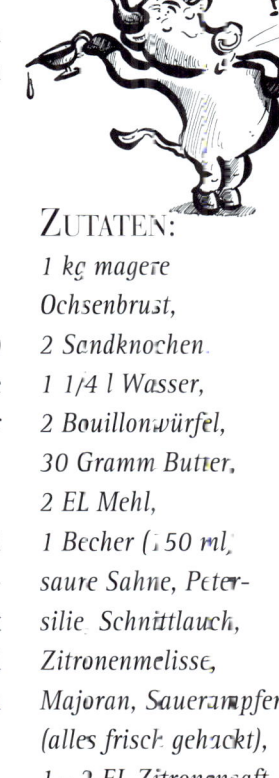

OCHSENBRUST
in Kräuter-Sahne-Soße

I. Fleisch und Knochen mit den Bouillonwürfeln im Wasser 90 Minuten kochen. Fleisch und Knochen aus der Brühe nehmen, die Brühe durch ein Küchensieb gießen, damit abgekochte Knochensplitter aufgefangen werden. Die Ochsenbrust in dünne Scheiben schneiden.

II. Mehl in der Butter anrösten, 1/2 l Fleischbrühe hinzugeben und unter ständigen Rühren aufkochen lassen. Etwas Soße abnehmen, auskühlen lassen, und die saure Sahne unterrühren. Zusammen mit den Kräutern zur restlichen Soße geben; mit Zitronensaft, Salz und Pfeffer abschmecken, und die Fleischscheiben in die Soße legen. Langsam alles wieder heiß werden lassen, aber nicht mehr zum Kochen bringen.

Beilagen: Salzkartoffeln und Endiviensalat

ZUTATEN:
*1 kg magere Ochsenbrust,
2 Sandknochen,
1 1/4 l Wasser,
2 Bouillonwürfel,
30 Gramm Butter,
2 EL Mehl,
1 Becher (150 ml) saure Sahne, Petersilie, Schnittlauch, Zitronenmelisse, Majoran, Sauerampfer (alles frisch gehackt),
1 - 2 EL Zitronensaft,
Salz, Pfeffer*

Fleischgerichte

Blömkes un Jrönes op de Fensterbank

Der Winter ist ein harter Gast. Oma hat ihn immer wieder „betuppt" auf der Fensterbank. Als der Garten abgeerntet war, grub sie die Wurzeln der Kräuterstauden aus, pflanzte sie in den Blumenkasten. Dazwischen kamen blühende Blumen - denn nur der Ochs freut sich, wenn er nur etwas Grünes sieht.

Omas ständiger Ärger war: „Jetzt sinn se schon widder do, de Amsele un de Spatze. Wie die in minne Kaste kratze donn un an der Petersilie un Blömkes römhacke. Die solle in et Futterhüske jonn, do sinn Körner un Rosine drin."

Oma brauchte die frischen Kräuter für ihre Sahnesauce; auf die wollte sie auch im Winter nicht verzichten. Gab es die, sah mein Schlabberlätzchen nach dem Essen aus wie eine grüne Wiese, und Oma sagte: „Jong, jetzt sühste us wie dä Jröne Jong im Hofjaade. Nur, dä mäkt sich immer selber widder propper."

FLEISCHGERICHTE

OMAS RINDERROULADE

I. Rouladen salzen, Senf dünn auftragen, Paprikapulver über den Senf streuen, 1 Zwiebel in Ringe schneiden, Gurken in Streifen schneiden und mit den Speckstreifen auflegen. Die Rouladen aufrollen und mit einem Bindfaden umwickeln.

II. Fett in der Pfanne erhitzen, die Rouladen kräftig von beiden Seiten anbraten; die restlichen Zwiebeln sowie Lorbeerblätter, Möhre, Pfefferkörner und Wacholderbeeren hinzugeben. Nach und nach die Flüssigkeit angießen. Die Rouladen 90 Minuten bei kleiner Hitze schmoren lassen.

III. Die Rouladen herausnehmen, warm stellen, den Bratenfond mit etwas Flüssigkeit loskochen, durch ein Küchensieb streichen, mit Salz, Pfeffer und Knoblauchsaft abschmecken. Die Rouladen in die Soße legen und wieder heiß werden lassen.

Beilagen: Kartoffelklöße und Rotkohl

Omas Variante:
Anstatt Speck, Zwiebel und Gurke zur Füllung 200 Gramm gewürztes Schweinemett nehmen.

ZUTATEN:
4 Rinderrouladen,
4 TL Senf (mittelscharf),
1 EL Paprikapulver (edelsüß), 100 Gramm fetter Speck (in Streifen geschnitten),
3 Zwiebeln,
3 Gewürzgurken,
30 Gramm Pflanzenfett,
1 Möhre,
3 Lorbeerblätter,
10 Wacholderbeeren,
je 1/8 l Wasser Bouillon und Rotwein,
2 EL Tomatenmark,
1 EL Speisestärke,
Salz, Pfeffer
1-2 Knoblauchzehen (ausgedrückt)

ZUTATEN:
*8 Röggelchen,
500 Gramm gemischtes Hackfleisch, Salz,
Pfeffer, je 1/2 Bund
Schnittlauch, und
Petersilie, 1 Möhre,
1 Stange Porree,
1 Zwiebel,
2 Knoblauchzehen
(ausgedrückt),
1 TL Paprikapulver
(edelsüß)*

===== FLEISCHGERICHTE =====

RADSCHLÄGERS RÖGGELCHEN

I. Aus den Röggelchen das „Innenleben" herauslöse, und unter das Hackfleisch zusammen mit allen übrigen Zutaten mischen. Möhre und Porree vorher putzen und kurz in kochendes Salzwasser geben (blanchieren).

II. Die Masse in die ausgehöhlten Röggelchen fest eindrücken, dann diese auf ein Backblech legen.

III. Den Backofen auf 200° vorheizen und die gefüllten Röggelchen 45 Minuten backen. Sofort heiß servieren.

Beilage: Selleriesalat

Düsseldorfer Radschläger

Das Düsseldorfer Stadtwappen ist der Löwe mit Anker, zu sehen zum Beispiel auf einer acht Meter hohen Granitsäule beim neuen Rathaus auf der Rheinseite. Düsseldorfs bekanntere „Wappenfigur" ist allerdings der Radschläger. Heute sieht man sie kaum noch, die Jonges mit den meist schmutzigen Händen, auf denen sie kunstvoll auf der „Kö" oder in den Altstadtgaststätten das Rad schlagen, um sie dann herausfordernd auszustrecken und zu sagen: „För eene Pennig Radschlage." Auch vor Jahren schon waren sie nicht mehr mit „eene Pennig" zufrieden - ein Groschen oder besser noch fünfzig Pfennig mußten es schon sein.

Wer die „flöcke Bürschkes" heute sehen will, muß schon zum alljährlich stattfindenden Radschlägerwettbewerb gehen. Termine sind über das Düsseldorfer Verkehrsamt zu erfragen. Begegnen wird man dem Radschläger aber trotzdem noch allenthalben. Bei den Juwelieren in

FLEISCHGERICHTE

Gold und Silber; in feinen Konditoreien in Marzipan oder Schokolade gegossen. An heimisches Brauchtum und Düsseldorfer Lokalkolorit erinnert auch der große Radschlägerbrunnen auf dem Burgplatz vor dem Brauereiausschank „Im goldenen Ring". Die Brunnenschale aus Fränkischem Muschelkalk hat einen Durchmesser von 3,10 Meter; die beiden Radschläger sind in Bronze gegossen. Der 1954 enthüllte Brunnen wurde von Alfred Zschorsch gestaltet und vom Heimatverein „Düsseldorfer Jonges" gestiftet. Die Inschrift am Beckenrand stammt von Hans Müller-Schlösser und lautet:

„Radschläger wolle mer blieve,

wie jeck et de Minsche och drieve."

Wer heute durch Düsseldorf geht, stellt sich unwillkürlich die Frage: „Wo sinn se denn jeblieve, de Düsseldorfer Radschläger?"

FLEISCHGERICHTE

SAUERBRATEN
auf rheinische Art

ZUTATEN:
*1 kg mageres Rindfleisch,
1/2 l Wasser,
je 1/4 l Weißwein und Weinessig, 2 Zwiebeln,
1 Möhre, 1 Stück Petersilienwurzel,
15 Pfefferkörner,
4 Wacholderbeeren,
2 Lorbeerblätter,
3 Nelken, Salz, Pfeffer,
1 EL Tomatenmark,
100 Gramm Pflanzenfett,
1 EL Speisestärke,
30 Gramm Mandelblättchen,
50 Gramm Rosinen*

I. Wasser, Wein und Essig aufkochen lassen, geviertelte Zwiebeln, in Stücke geschnittene Möhre und Petersilienwurzel mit den Pfefferkörnern, Wacholderbeeren, Lorbeerblättern und Nelken in den heißen Sud geben, diesen auskühlen lassen. Jetzt den Sud in ein verschließbares Gefäß schütten und das Fleisch hineinlegen. 4 - 5 Tage durchziehen lassen, dabei einmal wenden.

II. Fleisch aus dem Sud nehmen, trocken tupfen, mit Salz und Pfeffer einreiben und in das heiße Fett geben. Nach und nach die Hälfte des Suds mit allen Gewürzen, Zwiebeln, Möhre und Petersilienwurzel hinzutun, und alles ca. 75 Minuten braten. Das Fleisch einmal wenden.

III. Das Fleisch herausnehmen und warm stellen. Den Bratenfond durch ein Küchensieb streichen, ggf. noch etwas Sud angießen, Tomatenmark einrühren, aufkochen lassen und mit der Speisestärke binden. Danach die Rosinen in die Soße geben und noch 10 Minuten ziehen lassen.

IV. Fleisch in Scheiben schneiden, etwas Soße übergießen, und die Mandelblättchen überstreuen.

Beilagen: Kartoffelklöße und Apfelmus

FLEISCHGERICHTE

SAURE NIERCHEN

I. Nieren in der Mitte durchschneiden, Haut abziehen, Fett und Röhren heraustrennen und dann in dünne Scheiben schneiden.

II. Speck und Zwiebel würfeln, in der heißen Margarine anbraten; Nieren hinzufügen, kurz durchrösten; Mehl überstäuben, mit Salz, Pfeffer und Majoran würzen. Bouillon angießen und 15 Minuten köcheln lassen.

III. Mit Essig und Zitronensaft abschmecken, in kleine Stücke geschnittene Gewürzgurken unterziehen, etwas Soße abnehmen, die saure Sahne darin verquirlen und wieder untermischen. Jetzt noch 5 Minuten ziehen lassen.

Beilagen: Kartoffelpüree, grüner Salat

ZUTATEN:
500 Gramm Schweinenieren,
40 Gramm Margarine,
30 Gramm fetten Speck, 1 Zwiebel,
1 EL Mehl
1/4 l Bouillon, Salz,
Pfeffer, Majoran,
Essig, Zitronensaft,
1/2 Becher (75 ml) saure Sahne,
1-2 Gewürzgurken

SCHWEINEBRATEN „JAN WELLEM"

I. Den Braten mit Salz und Pfeffer würzen, im Mehl wenden und mit Öl bestreichen. Die Kräuter vermischen, die Hälfte über dem Öl verteilen. Eine Seite des Bratens mit Senf bestreichen, und die restlichen Kräuter über dem Senf verteilen. Noch etwas Öl überträufeln.

II. Backofen auf 200° vorheizen, den Braten mit der Senfseite nach oben in eine feuerfeste Form legen und insgesamt 90 Minuten schmoren lassen. Dabei nach und nach den Wein angießen.

ZUTATEN:
1 kg mageren Schweinebraten, 5 EL Öl,
30 Gramm Mehl, Salz,
1 TL grob gemahlenen Pfeffer, je 1/2 TL Majoran, Thymian, Rosmarin, 75 Gramm Senf (mittelscharf),
3/8 l Weißwein,
8 kleine Zwiebeln,
500 Gramm frische Champignons

Fleischgerichte

III. Zwiebeln und Champignons schälen, bzw. putzen, aber nicht klein schneiden. Nach 60 Minuten Zwiebeln und Champignons in den Bratenfond geben und weich dünsten; dabei zwei- bis dreimal wenden. Der Braten darf nicht gewendet werden.

Beilagen: Petersilienkartoffeln, gemischter Salat

Jan Wellem und der Gießerjunge

Gehen Sie einmal durch die Düsseldorfer Altstadt und fragen Sie einen Einheimischen: „Kennste den Kurfürst Johann Wilhelm (1658-1716)?" Die Antwort wird meist sein: „Wer is denn dat?" Fragen Sie weiter: „Kennste denn Jan Wellem?" - „Na klar, dem kennt doch jeder. Dä steht op em Marktplatz vör dem alde Rathus, sitzt op em Pääd, hätt e Krönche op dä Kopp un e Zepter in de rechte Hand. Sonne Mann mößte mer widder krieje, dä hätt noch wat för Düsseldorf überich jehatt. Dä hätt an sinn Stadt jehange; so vill, dat dä sojar de Neustadt jeplant un och jebaut hätt. Er wor och ne Mäzen von de Künste. Er hätt Düsseldorf zu en Kunststadt von europäischer Bedeutung jemacht. Dat schöne Reiterdenkmal hätt Gabriel de Grupello jejosse und domit dä Jan Wellem so richtig in sinn barocke Pracht darjestellt. Fast wör dat Denkmal aber in de Binse jejange, wenn et do nit dä Geeßerjong jejäve hätt. Jan Wellem muß nur e bißke sinne Kopp römdriehe, dann süht'r dä Jong."
Bescheiden, wie es sich für einen Lehrbuben gehört, steht er tatsächlich nur wenige Schritte vom großen Jan-Wellem-Monumet entfernt. Die Inschrift verrät, warum dem Lehrbub solche Ehre zuteil wurde:
„Als Meister Gabriel de Grupello 1711 das Jan-Wellem-Reiterbild schuf, rettete der Gießerjunge den Abguß. Er sammelte hurtig fehlendes Metall, auch Schmuckstücke anwesender Damen, und warf alles in die Schmelze. Der Guß gelang vortrefflich. Grupello soll dem Jungen das erste, längst verschollene Denkmal gesetzt haben. Auch die Düsseldorfer haben ihn noch nicht vergessen."

FLEISCHGERICHTE

Die Plastik stammt von Willi Hoselmann und wurde 1932 vom Heimatverein „Düsseldorfer Jonges" gestiftet. Die Tafel mit der Erinnerungsschrift wurde 1984 vom Verein Deutsche Gießereifachleute angebracht. Jan Wellem hat seine letzte Ruhestätte in der nahe gelegenen barocken St. Andreaskirche gefunden. Das Mausoleum ist von Montag bis Freitag zwischen 15.00 und 17.30 Uhr geöffnet. An jedem ersten Mittwoch des Monats findet von 16.30 bis 17.30 Uhr eine Führung statt.

Die St. Andreaskirche und die dazugehörige Pfarrgemeinde werden heute vom Dominikanerorden betreut. Regelmäßig finden in der Kirche musikalische Veranstaltungen statt.

Es ist noch gar nicht so lange her, da schenkte Jan Wellem seinem geliebten Düsseldorf einen Freudentag - und das in ganz schlimmer Zeit. Das Monument wurde während des Zweiten Weltkrieges zum Schutz vor Luftangriffen in einen Stollen nach Gerresheim gebracht. Dort überlebte es die Bombennächte unbeschadet. Als das Denkmal am 1. Adventssonntag 1945 wieder hervorgeholt wurde, war das auch für Oma ein ganz besonderer Tag; sie sagte zu Opa: „Hütt is der schönste Tag seit langem - dä Jan Wellem kütt zoröck und mer dürfe dobei sinn. Ich hann dinne Anzoch ofjebüjelt un och dä Kraje vom wisse Hemd jestärkt. Verjeß de Krawatt nit ömzezwickele un schnapp dich de Pänz. Die solle nämlich och sinn, wie schön uns Düsseldorf och in Trümmere sinn kann."

Also gingen wir alle zum alten Marktplatz, stellten uns auf einen großen Trümmerhaufen und sahen den feierlichen historischen Zug mit Musik und alten Uniformen - und natürlich Jan Wellem, wie er wieder auf seinen Sockel gestellt wurde.

Keiner von uns hat an diesem Tag noch an Hunger, Wohnungsnot und kalte Zimmer gedacht. Danke, Jan Wellem!

FLEISCHGERICHTE

SCHWEINEBRATEN SAUER
„Pepse"

ZUTATEN:

*1 kg Schweinebraten,
Salz, Pfeffer,
1/4 Weinessig,
1/4 l Rotwein,
1/2 l Wasser,
1 - 2 Zwiebeln,
1 - 2 Möhren, Saft einer halben Zitrone,
15 Pfefferkörner,
2 Nelken,
2 Lorbeerblätter,
5 Wacholderbeeren,
50 Gramm Schweineschmalz, 1 EL Honig,
1 EL Speisestärke,
1 EL Tomatenmark,
150 Gramm Weinbeeren (ohne Kerne)*

I. Essig, Wasser und Wein aufkochen, geschnittene Zwiebeln und Möhren sowie Pfefferkörner, Nelken, Lorbeerblätter und Wacholderbeeren in die heiße Beize legen. Das Fleisch hinzugeben, Gefäß verschließen und 3 Tage kühl stellen. Nach der Hälfte der Zeit den Braten wenden.

II. Fleisch aus der Beize nehmen, mit Salz und Pfeffer einreiben. Schmalz erhitzen, alle Gewürze der Beize zusammen mit dem Braten in das heiße Fett geben, kräftig von beiden Seiten anbraten, die Hitze reduzieren. Nach und nach die Beize angießen, und den Braten 1 1/2 Stunden schmoren lassen.

III. Den Braten herausnehmen, warm stellen. Den Bratenfond durch ein Küchensieb streichen, Tomatenmark und Speisestärke unterrühren, aufkochen lassen, mit Honig und Zitronensaft abschmecken. Die Weinbeeren in die Soße geben.

Beilagen: Kartoffelklöße und Rotkohl

FLEISCHGERICHTE

SÜLZE HAUSGEMACHT

I. Schweinfüßchen im Wasser mit Essig, der in Stücke geschnittenen Zwiebel und mit Lorbeerblättern, Wacholderbeeren, Senfkörnern und Salz 1 Stunde kochen Herausnehmen, die Brühe entfetten und durch ein Küchensieb gießen

II. Gepökeltes Schweinefleisch 15 Minuten kochen, in kleine Stücke schneiden; ebenso das Bratenfleisch. Das Fleisch in ein weites Gefäß legen, in Scheiben geschnittene Gurken, Möhrenstückchen und Eischeiben darüberlegen, und die noch heiße und abgesiebte Brühe übergießen. Gut auskühlen lassen, bis sich die Masse verfestigt hat.

Beilagen: Bratkartoffeln, Feldsalat

ZUTATEN:
*250 Gramm gepökeltes Schweinefleisch,
250 Gramm kaltes Bratenfleisch (Schwein oder Rind), 2 Schweinefüßchen, 1 TL Salz,
1 l Wasser, 1/8 l Weinessig, 1 Zwiebel,
1 EL Senfkörner,
2 Lorbeerblätter
4 Wacholderbeeren,
2 Gewürzgurken,
2 Möhren, 2 hartgekochte Eier (in Scheiben geschnitten)*

„WILDE" HAMMELKEULE

I. Von der Hammelkeule Haut und Fett abschneiden. Mit Salz und Pfeffer einreiben. Speck in dünne Streifen schneiden, damit das Fleisch spicken.
Die Keule in Rotwein, Essig, Wasser, Zwiebeln, Lorbeerblättern, Wacholderbeeren, Pfefferkörnern einlegen und 6 Tage ziehen lassen. Nach 3 Tagen das Fleisch wenden.

II. Die Keule aus der Marinade nehmen, diese durch ein Küchensieb gießen, das Fleisch trocken tupfen. Fett erhitzen, das Fleisch kräftig anbraten, wenden. Nach 20 Minuten die Schwarzbrotbrösel hinzugeben, und nach und nach die Marinade angießen. Jetzt die Keule 90 Minuten schmoren lassen, dabei immer wieder etwas Bratensaft übergießen.

ZUTATEN:
*1 kg Hammelkeule
50 Gramm fetter Speck, Salz, Pfeffer, 1/2 l Rotwein, 1/4 l Weinessig,
1/4 l Wasser, 1-2 Zwiebeln, 2 Lorbeerblätter,
4 Wacholderbeeren,
10 Pfefferkörner,
1 TL Zucker, 1 Scheibe Schwarzbrot (zerbröselt), 1 Becher (150 ml) saure Sahne, 2 EL Johanninsbeergelee,
40 Gramm Pflanzenfett*

FLEISCHGERICHTE

IV. Das Fleisch aus dem Fond nehmen, warm stellen. Den Bratensaft durch ein Küchensieb streichen, mit Zucker und Johannisbeergelee und ggf. etwas Salz und Peffer abschmecken. Etwas Soße herausschöpfen, kurz auskühlen lassen, und darin die saure Sahne verquirlen. Wieder zur restlichen Soße geben.

Beilagen: Kartoffelklöße und mit Preiselbeeren gefüllte gekochte Birnen

GEFLÜGELGERICHTE

VON HÖHNER, ENTE UN JÄNS

GEFLÜGELGERICHTE

DÜSSELDORFER MARTINSGANS

ZUTATEN:
1 küchenfertige Gans (ohne Innereien und Hals), 2 TL Salz, 1/2 TL Pfeffer, 1/2 kg Eßkastanien, 1 kg Äpfel (am besten Boskop), 1/2 Bund Petersilie (gehackt), 2 Zwiebeln, 1/2 TL Paprikapulver (edelsüß), 1 l Wasser, 2 Möhren, 3 Lorbeerblätter, 6 Wacholderbeeren, Speisestärke

I. Die Gans außen und innen waschen, mit Salz und Pfeffer einreiben. Kastanien einschneiden, 10 Minuten kochen, abgießen, etwas auskühlen lassen, dann die Schalen und die Haut abziehen. Die Äpfel schälen, vierteln und das Kerngehäuse herausschneiden. 1 gewürfelte Zwiebel und Petersilie in etwas Fett anbraten, mit Paprikapulver würzen, alles unter die Äpfel und Kastanien mischen. Die Masse in die Gans füllen, die Öffnung zunähen, Schenkel und Flügel am Körper festbinden.

II. 1/2 l Wasser und 1 TL Salz in einen Bräter geben, klein geschnittene Zwiebel und Möhren zusammen mit den Lorbeerblättern und Wacholderbeeren in das Wasser geben, die Gans hineinlegen und den Backofen auf 200° vorheizen. Die Gans dann 2 - 2 1/2 Stunden braten, einmal wenden. Nach und nach das restliche Wasser angießen und die Gans immer wieder mit der heißen Flüssigkeit übergießen.

III. Nach der Garzeit die Gans aus dem Fond nehmen und auf einen Rost im heißen Backofen legen. Den Fond entfetten, durch ein Küchensieb streichen, mit Speisestärke andicken, noch einmal mit Salz und Pfeffer abschmecken.

Beilagen: Apfelrotkohl und Kartoffelklöße

Vor und nach der Martinsgans

„Jetzt will ich mich aber noch de Fackele ankicke, die ihr in de Scholl jebastelt hatt. Schön sinn se jewode un leuchte donn se och joot. Paßt aber op, dat se üch nit afbrenne donn, dann könnt ihr noch em Määteszoch nit kripsche jonn. Dat is üch sowieso lieber als dat Singe im Zoch."

GEFLÜGELGERICHTE

Da hatte Oma ausnahmsweise einmal nicht recht. Wir sind gerne mit unseren bunten Laternen durch die Straßen gezogen und haben mehr laut als schön gesungen:

„Sankt Martin, Sankt Martin ritt durch Schnee und Wind,

sein Roß, es trug ihn fort geschwind.

Sankt Martin ritt mit leichtem Mut,

sein Mantel deckt ihn warm und gut."

Höhepunkt war dann wie in jedem Jahr die Mantelteilung, und danach wurden wir „wibbelich". Schließlich wollte keiner zu spät kommen, wenn in Geschäften und vor Haustüren noch einmal gesungen werden mußte. Jetzt weniger feierlich, dafür fordernder:

„Hier wohnt ein reicher Mann,

der uns vieles geben kann.

Vieles soll er geben, lange soll er leben,

das Himmelreich erwerben."

Wenn dann Kamelle, Nüsse, Äpfel, Plätzchen „gekripscht" wurden, war das Säcklein schnell voll. Und nun nichts wie zu Oma, denn die hatte wie jedes Jahr die „Määtesjans" im Backofen. Als dann nur noch „e paar Knoche op em Disch jeläje sinn", mußten wir noch einmal singen:

GEFLÜGELGERICHTE

„Laterne, Laterne,

Sonne, Mond und Sterne,

brenne auf, mein Licht, brenne auf, mein Licht,

nur meine liebe Laterne nicht."

Danach kam Omas alljährliche Frage: „Wißt ihr überhaupt, woröm mer hütt en Määtesjans jejesse hann?"

„Oma, dat wisse mer schon noch. Verzäll et aber noch emol, dat mer et och wirklich jlöfe donn."

„Also, dat wor so: Sankt Martin wor nit nur ne fromme, sondern och ne janz bescheidene Mann. Als de Lütt dem zum Bischof von Tours hann wollte, hätt dä sich vör de Lütt im Jänsestall versteckt. De Jäns hann aber nit dä Schnabel jehalde, sondern laut jeschnattert. So hann se dann dä Määtes jefunge, un he moßt Bischof wähde. Zur Straf för dä Rabatz, dem de Jäns jemacht hann, wähde se seither immer am 10. November opjejesse."

Jetzt erst war Oma so richtig zufrieden, genehmigte sich ein Körnchen und sagte:

„Nix wie im Bett mit üch. Jetzt will ich noch mit em Opa e bißke träume von de Ziet, wo alles noch vill schöner wor."

FASAN „JACOBE VON BADEN"

ZUTATEN:
1 junger Fasan (küchenfertig), Salz, Pfeffer, 150 Gramm fetter Speck (in dünne Scheiben geschnitten), 50 Gramm Butterschmalz (Butaris), 1/4 l Rotwein, 1/2 Becher (75 ml) saure Sahne, 5 EL süße Sahne, 1 EL Mehl

I. Fasan innen und außen waschen, trocken tupfen und mit Salz und Pfeffer einreiben. Um Brust und Schenkel Speckscheiben wickeln.

II. Eine feuerfeste Form mit Speckscheiben auslegen, und den Fasan mit der Brust nach unten hineinlegen. Den Backofen aus 220° vorheizen, die Form hineinschieben und den Fasan mit heißem Butterschmalz übergießen. Nach und nach den Wein angießen. Nach 30 Minuten den Fasan wenden. Zwischendurch immer wieder mit dem heißen Bratenfond übergießen. Nach weiteren 15 Minuten die Speckscheiben

GEFLÜGELGERICHTE

abheben, und die Brust des Fasans mit saurer Sahne bestreichen, ihn dann noch einmal 15 Minuten bräunen lassen.

III. Den Fasan aus der Form nehmen, warm stellen. Speckscheiben ebenfalls herausnehmen. Den Bratenfond mit Mehl andicken, 5 EL süße Sahne unterrühren und noch einmal abschmecken.

Beilagen: Kartoffelpüree, gebratene Pfifferlinge

Jacobe - die „wiße Frau" im alten Schloß

An langen Winterabenden, wenn der Wind schaurig um die Schornsteine pfiff, hat uns Oma so manche unheimliche Geschichte erzählt. Eine ist mir besonders in Erinnerung geblieben: die von der Markgräfin Jacobe von Baden.
Oma war sich ganz sicher, daß der Geist der unglücklichen Frau bis vor wenigen Jahren noch zu sehen gewesen sei - genau bis zum Jahr 1872, als das alte Schloß von Düsseldorf abbrannte.
„Minn Oma hätt se noch jesinn, wie se im lange wiße Kleid un en Käz in de Hand dörch de Räum vom Schloß jewandelt is; immer um Mitternacht. Un janz unheimlich solle jeroofe hann, als wenn se immer noch jlöfe dät, dat se dem, der se so hinterlistisch ermordet hätt, verwische könnt. Als dat Schloß dann afjebrannt is, wöht sicher och dä Jeist von de ärme un unjlückliche Frau sinn Ruh jefunge hann."
Jede Sage hat ihren wahren Kern, und die um die „Weiße Frau" ist sogar historisch und durch Dokumente genau belegt.

GEFLÜGELGERICHTE

Herzog „Wilhelm der Reiche" (Regierungszeit 1539-1592) machte Düsseldorf zu einer glänzenden Metropole. Mit seinen Söhnen und Erben indes hatte er Pech. Der Erbprinz Karl-Friedrich verstarb an den Blattern, und der zweite Sohn, Johann Wilhelm, litt unter einer fortschreitenden Geisteskrankheit. Um die dynastische Erbfolge zu sichern, heiratete dieser Johann Wilhelm die Markgräfin Jacobe von Baden. Die im Jahr 1585 gefeierte Hochzeit gilt bis heute als eines der glanzvollsten Feste, die Düsseldorf je erlebt hat. 1.500 Gäste sollen teilgenommen haben; Höhepunkte waren ritterliche Reiterkämpfe, nachgestellte Seeschlachten und ein prächtiges Feuerwerk über dem Rhein.

Schon bald nach dem glänzenden Hochzeitsfest begann der Leidensweg der ebenso schönen wie ehrgeizigen Jacobe. Wilhelm der Reiche verweigerte seinem Sohn und seiner Schwiegertochter jegliche Mitsprache in den Regierungsgeschäften; außerdem blieb die Ehe mit dem schwachsinnigen Johann Wilhelm kinderlos. Eine Katastrophe für das dynastische Denken der damaligen Zeit. Zudem verstrickte sich Jacobe in verschiedene Intrigen, und das wurde für sie zum tödlichen Verhängnis.

Man klagte sie wegen angeblichen Ehebruchs an. Noch bevor die vom Kaiser angeordnete Untersuchung zu einem Ergebnis kam, fand man Jacobe eines Morgens im Jahr 1597 tot im Schloß liegen. Sofort wurde von Mord gemunkelt, aber die Gerüchte wurden unterdrückt. In aller Eile trug man Jacobe in der Kreuzherrenkirche zu Grabe. Einer Ehe des Erbprinzen und nunmehrigen Herzogs Johann Wilhelm mit Antoinette von Lothringen stand nun nichts mehr im Wege. Heute steht fest, daß Jacobe von Baden aus Gründen der „Staatsraison" erdrosselt wurde.

Ihre endgültige Ruhestätte fand sie später in der Fürstengruft der Basilika St. Lambertus unter dem Grabmal von „Wilhelm dem Reichen". Wer dieses wunderschöne gotische Gotteshaus mit seinen reichen Kunstschätzen besucht, sollte auch an die unglückliche Jacobe denken, an die heute in Düsseldorf nur eine Tafel in der Turmkapelle der Kreuzherrenkirche in der Ratinger Straße erinnert – und natürlich die Sage von der „Weißen Frau".

GEFLÜGELGERICHTE
GEFÜLLTER TRUTHAHN

ZUTATEN:
1 Truthahn oder Pute (ca. 3 kg), Salz, Pfeffer, 500 Gramm fetter Speck (in breite und dünne Scheiben geschnitten), 100 Gramm Butter, 1/4 l heißes Wasser

FÜLLUNG:
500 Gramm gemischtes Hackfleisch, 2 Brötchen (eingeweicht und ausgedrückt), 2 Eier, Salz, Pfeffer, 1 Bund Petersilie (gehackt), 200 Gramm gemahlene Kalbs- oder Geflügelleber, 250 Gramm frische Champignons (blättrig geschnitten)

I. Den Truthahn außen und innen waschen, abtrocknen, mit Salz und Pfeffer einreiben (außen und innen).

II. Hackfleisch, Leber, Brötchen, Eier, Petersilie, Salz, Pfeffer und Pilze zu einer Farce verarbeiten.
Die Masse in den Truthahn füllen, die Öffnungen zunähen. Die Brust mit den Speckscheiben umwickeln.

III. Butter in einer großen Metallform zergehen lassen, den Truthahn mit der Brust nach unten einlegen, heißes Wasser hinzugeben. Den Backofen auf 200° vorheizen, die Metallform einschieben, und 45 Minuten braten. Dabei immer wieder mit dem Bratfond begießen. Dann den Truthahn wenden, und nach weiteren 45 Minuten den Speck entfernen und die Brust noch 30 Minuten bräunen. Schließlich herausnehmen, warm stellen, den Bratfond durch ein Küchensieb gießen und getrennt zum Truthahn servieren. Den Truthahn tranchieren, dabei die Füllung herausnehmen und getrennt zum Fleisch servieren.

Beilagen: Gemüsereis (Risi Bisi), Eissalat mit Maiskörnern

GEFLÜGELGERICHTE

„HUHN MARENGO"

ZUTATEN:
1 Poularde, 40 Gramm Butter, 1/8 l Rotwein, 1/8 l Hühnerbrühe, 8 Schalotten, 4 Tomaten (enthäutet), 250 Gramm Champignons, 1/2 TL Pfeffer (schwarz), 1 TL Salz, 1/4 TL Zucker, 1 Bund Petersilie (gehackt)

I. Die Poularde außen und innen waschen, in 8 gleich große Teile zerlegen, mit Salz und Pfeffer einreiben und in 20 Gramm Butter 30 Minuten braten.

II. Tomaten mit heißem Wasser übergießen, die Haut abziehen, zerkleinern; zusammen mit dem Rotwein und der Hühnerbrühe zum Fleisch geben. Den Fond auf die Hälfte einkochen lassen.

III. Schalotten schälen, Champignons putzen, blättrig schneiden; in der restlichen Butter Schalotten und Champignons weich dünsten, mit je einer Prise Salz, Pfeffer und Zucker abschmecken und zum Fleisch geben. Jetzt alles noch 10 Minuten bei kleiner Hitze ziehen lassen. Zum Schluß die gehackte Petersilie überstreuen.

Beilagen: Reis und Blattsalat

Der zweite November und „Huhn Marengo"

„Napoleon wor in Düsseldorf; leider hann ich em nit jesinn, do wor ich nämlich noch jar nit op de Welt. För Düsseldorf wor dä zwette November 1811 ne richtije Ehrentag, un deshalb jibt et bei mich jedes Johr dem Kaiser sinn Lieblingsjericht.
Als Napoleon in de Stadt kom, hann de Lütt de Häuser jeschmöckt wie bei de Fronleichnamsprozession, un dä Adolph von Vagedes hätt dem Kaiser sojar ne Triumphboge jebaut. Dä stand do, wo hütt dä Jan-Wellem-Platz is. Von do hätt Napoleon et dann nimmie wiet jehatt zum Schloß Jägerhof, wo dä jewonnt hätt. Dä Kaiser wollt in Düsseldorf e bißke nom rechte sinn, un och ob de Düsseldorfer brav ihre Steuere zahle. Ihm hätt et so jood jefalle, dat he glich e paar Tag bei uns jeblieve is. Napoleon soll sojar im Brauereiausschank 'Zum Schiffchen' ne eijene Stammdisch jehatt hann. Dä jift et hütt noch, un dä Wirt is janz stolz

GEFLÜGELGERICHTE

drop. Wer will, kann sich an dem Stammdisch vom Napoleon sinn Jläske Alt drinke.

Als dä Napoleon dann widder no Paris jefahre is, hann de Düsseldorfer ihm zo Ehre en Stroß Kaiserstraße jenannt, un im Hofjaade ne kleene Berg sinne Name jejäve. Ja, Jong, dat wor schon ne jroße Mann, un immer am zwette November donn ich an em denke."

Dann erzählte uns Oma noch die Entstehungsgeschichte vom „Huhn Marengo". Am 14. Juni 1800 schlug Napoleon (damals noch als General) die Schlacht bei Marengo gegen die Österreicher. Er muß sich seines Sieges sehr sicher gewesen sein, denn er bestellte bei seinem Leibkoch sein Lieblingsgericht, ein gebratenes Huhn. Das Huhn war schließlich fertig, aber Napoleon kam nicht pünktlich. Was tun, dachte der Koch, ein aufgewärmtes Brathuhn mag Napoleon sicher nicht. Dann hatte er die geniale Idee und hielt das Huhn warm, und zwar genau mit dem Fond, der im Rezept beschrieben ist.

GEFLÜGELGERICHTE

FEINSTES HÜHNERFRIKASSEE

ZUTATEN:
1 Poularde (ca 1 1/2 kg), je 250 Gramm frische Champignons und Spargel, 3 EL Mehl, 40 Gramm Butterschmalz (Butaris), 2 Eigelb, Salz, Pfeffer (weiß), Zitronensaft, 1 Prise Zucker, 4 EL Kapern, 1 Becher (200 ml) süße Sahne, 100 Gramm gekochter Schinken, 1 1/2 l Wasser, 2 Würfel Hühnerbrühe

I. Die Poularde mit den Brühwürfeln im Wasser 60 Minuten kochen und in der Brühe auskühlen lassen.

II. Die Poularde aus der Brühe nehmen, enthäuten, das Fleisch von den Knochen lösen und in mundgerechte Stücke schneiden. Die Brühe durch ein Küchensieb gießen.

III. Spargel und Champignons putzen; die Spargelstangen in 5 cm lange Stücke schneiden und zusammen mit den Champignons in der Brühe 10 Minuten kochen, dann herausfischen.

IV. Butterschmalz erhitzen, Mehl einrühren und kurz durchrösten. 1/2 l Brühe angießen, unter Rühren kurz aufkochen lassen, mit Salz, Pfeffer, Zucker und Zitronensaft abschmecken. Kapern hinzugeben. Eigelb in der Sahne verquirlen und unterziehen. Jetzt Fleisch, Champignons, Spargel und in Streifen geschnittenen Schinken unterheben, und alles noch 15 Minuten bei kleinster Hitze ziehen lassen, aber nicht mehr zum Kochen bringen.

Beilagen: Reis, Kopfsalat (in Zitronensahne angemacht)

===== Fischgerichte =====

AM FRIDAG
JIBT ET ...

FISCHGERICHTE

ZUTATEN:
750 Gramm frischer Aal (enthäutet und ausgenommen), Saft einer Zitrone, 1 TL Salz, 1/2 TL Pfeffer (schwarz, frisch gemahlen), 2 EL Mehl, 50 Gramm Butter oder Margarine, je 1/8 l Wasser und Weißwein (Riesling, trocken), 2 Zitronen, Salbeiblätter (frisch), 1/2 Bund Petersilie (gehackt)

AAL MIT SALBEIBLÄTTERN

I. Den Aal unter kaltem Wasser abspülen, in 5 cm lange Stücke schneiden und die Gräten entfernen. Die Stücke mit Zitronensaft beträufeln und 15 Minuten ziehen lassen; mit Salz und Pfeffer würzen und im Mehl wenden.

II. Butter oder Margarine erhitzen, die Aalstücke 5 Minuten von beiden Seiten kräftig anbraten, Wasser und Wein hinzugeben, Hitze reduzieren. Jetzt noch 15 Minuten köcheln lassen. Zum Schluß die gewaschenen Salbeiblätter kurz in den Bratfond geben und wieder herausnehmen.

III. Aalstücke aus der Pfanne nehmen, auf einer Platte anrichten: auf jedes Stück ein Salbeiblatt legen, dazu eine Zitronenscheibe, den Bratfond übergießen und mit Petersilie bestreuen.

Beilagen: Butterkartoffeln und Blattsalat

ZUTATEN:
1 kg Mangold, 8 geräucherte Forellenfilets (ohne Haut), 50 Gramm Butter, Salz, etwas Bouillon

FORELLE IN MANGOLD

I. Vom Mangold die Stiele abschneiden und die Blätter 2 Minuten in kochendes Salzwasser geben. Abgießen und auskühlen lassen.

II. Die Mangoldblätter auf einem Brett ausbreiten. Auf jeweils 3 - 4 Blätter ein Forellenfilet legen. Die Blätter vorsichtig aufrollen.

III. Butter in einer feuerfesten Form heiß werden lassen. Die Mangoldrollen dicht bei dicht einlegen. Backofen auf 200° vorheizen, die Form einschieben, und die Mangoldrollen 20 Minuten backen. Gegebenenfalls etwas Bouillon nachgießen.

Beilage: Butterkartoffeln

FISCHGERICHTE

Omas „grüne" Erfindung

„Op die Idee is noch kinner jekomme. Ja, 'Forelle blau' oder nach 'Art der Müllerin' hann ich in de Hotels immer schon jemacht, un de Jäst wore och zofriede. Dat is aber nix Neues onger de Sonn. Jröne Forelle? Die hann ich hütt för üch erfunge, un ich hoff, dat ihr nit saht, war dä Buer nit kennt, ißt e och nit. Also dann, ne joode Honger".

FISCHGERICHTE

HERINGSSTIP

ZUTATEN:
*4 - 5 Salzheringe,
2 - 3 Zwiebeln,
10 Pfeffer- und
20 Senfkörner, 2 Äpfel
(am besten Boskop),
2 Essiggurken, Pfeffer,
2 Becher (je 150 ml)
saure Sahne*

I. Heringe ausnehmen, dabei die Milch vorsichtig herauslösen und beiseite legen. Heringe 3 - 4 Stunden wässern, dabei das Wasser einmal austauschen. Kopf und Schwanz abschneiden, die Gräten entfernen, und die Filets in kleine Stücke schneiden.

II. Zwiebeln in dünne Ringe schneiden; Äpfel schälen, das Kerngehäuse herausschneiden und – wie auch dann die Gurken – in kleine Stücke schneiden. Alles unter die Heringsstücke mischen.

III. Heringsmilch durch ein Küchensieb streichen, mit der sauren Sahne sowie den Pfeffer- und Senfkörnern verrühren. Die Soße unter den Fisch mischen. Alles 2 - 3 Tage in einem Steinguttopf kühl stellen.

Beilage: Pellkartoffeln

„Am Äschermittwoch jibt et Heringsstip mit Pellmänner"

Wie der Karfreitag ist auch der Aschermittwoch in katholischen Gegenden ein Fasten- und Abstinenztag. Jeder Art von Fleischspeisen soll man sich enthalten; Fisch aber ist erlaubt. Zudem besagt das Wort „fasten", daß nur einmal am Tag eine volle Mahlzeit eingenommen werden darf.

FISCHGERICHTE

Oma meinte, dann müsse sie aber richtig „voll" sein, denn: „Honger hammer schließlich in de letzte Johr schon jenoch jelidde. Aber fromm simmer trotzdem jeblieve, un wenn de Kirch minnt, dat mer faste mösse, dann dommer dat – äwer mit Heringsstip."

MAISCHOLLE

I. Schollen waschen, ggf. Kopf und Schwanz abschneiden; mit Salz, Pfeffer und Zitronensaft einreiben, im Mehl wenden und in der heißen Butter von jeder Seite 5 Minuten braten; herausnehmen und warm stellen.

II. Zitronen schälen, in kleine Stücke schneiden und mit den Kapern in das heiße Fett geben und einige Minuten ziehen lassen. Danach über die Schollen gießen.

Beilagen: Butterkartoffeln, Kopfsalat in Zitronen-Sahne angemacht

ZUTATEN:
4 mittelgroße, küchenfertige Schollen, Salz, Pfeffer, 2 EL Zitronensaft, 3 EL Mehl,
40 Gramm Butter,
2 Zitronen
4 EL Kapern

MUSCHELN
auf rheinische Art

I. Muscheln in der Schale gründlich abschrubben und die Bärte entfernen. Bereits geöffnete Muscheln aussortieren, da sie ungenießbar sind.

II. Wein und Wasser mit Salz zum Kochen bringen; Zwiebeln in Ringe schneiden, zusammen mit den Lorbeerblättern, Wacholderbeeren und dem Pfeffer in das kochende Wasser geben, alles 10 Minuten durchkochen lassen.

ZUTATEN:
4 kg Miesmuscheln, je 3/8 l Weißwein und Wasser, 4 - 5 Zwiebeln, 4 Lorbeerblätter, 12 Wacholderbeeren, 2 EL Salz,
1 TL schwarzer Pfeffer

FISCHGERICHTE

III. Die Muscheln in das Wasser geben, 10 Minuten kochen lassen; dann durchschütteln, damit sich die Schalen öffnen.

IV. Muscheln auf einen Teller geben, etwas Brühe mit Zwiebelringen übergießen und sofort servieren. Muscheln, die sich beim Kochen nicht geöffnet haben, sind ungenießbar. Auf Besteck kann beim Verzehr verzichtet werden. Man nimmt eine leere Schale und holt damit das Fleisch aus den anderen Schalen heraus.

Beilagen: Schwarzbrot mit Salzbutter und Altbier

Der besondere Charme vom Altstadt-Köbes

Rolf ist ein lieber Freund von mir. Er stammt aus Niedersachsen, ist also schon fast ein „Südschwede".
Obwohl weitgereist, liebt er doch das Bodenständige und käme in Düsseldorf nie auf die Idee, zum Griechen oder Chinesen essen zu gehen. Das kann er schließlich auch in Hannover oder Braunschweig.
„Anton, ich habe mir sagen lassen, daß es in Düsseldorf besonders pikant zubereitete Miesmuscheln gibt. Kannst du mir ein Lokal empfehlen, wo sie so richtig nach rheinischer Art zubereitet werden?
„Na klar, Rolf, bei Benders Marie auf der Andreasstraße."
Wir gingen also hin, und ich warnte Rolf gleich, daß es dort etwas rustikal zugehen würde.
„Keine Sorge, Anton, mit solchen Typen komme ich bestens zurecht."
Rolf wunderte sich zunächst über die große Auswahl an Muschelgerichten auf der Speisekarte und entschied sich für die Variante in Weißwein und Knoblauch. Zum Kellner sagte er bei der Bestellung:
„Herr Ober, dazu hätte ich gerne einen sehr trockenen Weißwein; vielleicht einen Rheingauer Riesling Kabinett."
Der Köbes schaute etwas verdutzt drein, ging brummend davon und kam nach 15 Minuten mit den Muscheln, einem Tablett Altbier, aber ohne Riesling wieder an unseren Tisch.

FISCHGERICHTE

„Herr Ober, haben Sie meinen trockenen Weißwein vergessen?"
Da wurde der Köbes etwas energischer, stellte vor Rolf ein Glas Alt auf den Tisch und sagte:
„He häste dinne Wing, dä paßt besser zu de Muschele."
Rolf traute sich nicht zu antworten, trank sein Alt, und bei dem einen ist es nicht geblieben.

FISCHGERICHTE

SALM (LACHS)
nach rheinischer Art

ZUTATEN:
1 kg Salm (frisch, in vier Scheiben geschnitten), 1/2 l Wasser, 1/4 l Weißwein, 2 Lorbeerblätter, 12 Pfefferkörner, 2 - 3 Zwiebeln, 50 Gramm Butter, 2 EL Mehl, 1 Becher (200 ml) süße Sahne, 2 Eigelb, Saft einer halben Zitrone, Salz, 1 Prise Pfeffer

I. Wasser und Wein mit den geschnittenen Zwiebeln, mit Salz, Lorbeerblättern und Pfefferkörnern 20 Minuten kochen. Dann Hitze stark reduzieren, in das nicht mehr kochende Wasser die Salmscheiben einlegen, 20 Minuten ziehen lassen. Herausnehmen und warm stellen.

II. Mehl in der heißen Butter kurz anrösten, 1/4 - 3/8 l Fischsud angießen, durchrühren und aufkochen lassen. Eigelb und Sahne mit dem Zitronensaft verquirlen und unterrühren. Jetzt noch einmal mit Salz und Pfeffer abschmecken. Fisch und Soße getrennt servieren.

Beilagen: Salzkartoffeln in Butter und Petersilie geschwenkt, Kopfsalat in Zitronen-Sahne angemacht

Wir Düsseldorfer „besenftigen" uns selbst

Zwei Dinge gibt es, die Düsseldorfer nur sehr ungern importieren: das Altbier und den Senf. Speziell beim Mostert ist der Düsseldorfer ein ausgesprochener Lokalpatriot. Süßer Senf ist für die Bayern und deren

FISCHGERICHTE

Weißwürste, der englische und besonders scharfe Senf ist eher etwas für „die von der Insel". Wenn wir es in Düsseldorf sehr scharf haben wollen, nehmen wir unseren Löwensenf. Am liebsten ist uns aber der dunkle, mittelscharfe Mostert von „Bergrath sel. Ww". Den kann man fast überall verwenden – auch für die Senfsoße. Zum „Halve Han" gehört er ebenso wie zum „Mansardenfilet", also der einfachen Blutwurst, oder zum Eisbein.

Geizig ist der Düsseldorfer mit seinem Senf auch nicht. Er wird reichlich exportiert. Schließlich soll der Rest der Welt erfahren, daß Düsseldorf nicht nur die deutsche Modemetropole ist.

SCHELLFISCH
mit Senfsoße

I. Schellfisch waschen und in 10 cm lange Stücke schneiden. Wasser mit den Zwiebeln, Lorbeerblättern, Wacholderbeeren, Pfeffer- und Senfkörnern 30 Minuten kochen. Hitze wegnehmen, und die Fischstücke in das nicht mehr kochende Wasser legen. Topf verschließen, und den Fisch 15 Minuten ziehen lassen.

II. Margarine heiß werden lassen, das Mehl darin kurz anrösten, und die Brühe hinzugießen. Aufkochen lassen, etwas Soße abnehmen, auskühlen lassen und darin die saure Sahne verquirlen. In die restliche Soße den Senf einrühren. Senfgurken in kleine Würfel schneiden und zusammen mit der sauren Sahne unterrühren. Die Senfsoße jetzt wieder heiß werden lassen, aber nicht mehr zum Kochen bringen.

Beilagen: Salzkartoffeln und Bohnensalat

ZUTATEN:
1 kg Schellfisch (küchenfertig),
2 l Wasser, 2 Zwiebeln,
1 EL Salz, 3 Lorbeerblätter, 8 Wacholderbeeren, 10 Pfefferkörner, 1 EL Senfkörner
SENFSOSSE:
30 Gramm Margarine,
2 EL Mehl, 3/8 l leichte Fleisch- oder Knochenbrühe, 4 - 6 EL Senf (mittelscharf),
5 EL Senfgurken,
1 Becher (150 ml) saure Sahne

FISCHGERICHTE

SILVESTER-KARPFEN

ZUTATEN:
*1 - 2 küchenfertige Karpfen (ca. 1 1/2 kg zusammen),
2 l Wasser,
3/8 l Weinessig,
2 EL Salz,
Saft einer Zitrone,
1/8 l Weißwein (trocken)*

I. 1/8 l Essig aufkochen lassen, Karpfen vorsichtig in gleich große Stücke schneiden, und den Kopf entfernen. Die Stücke in eine Schüssel legen und mit dem heißen Essig übergießen.

II. Wasser mit Salz, 1/4 l Essig, 1/8 l Wein und Zitronensaft zum Kochen bringen. Die Hitze dann so weit wegnehmen, daß der Sud nicht mehr kocht, aber heiß bleibt.

III. Die Karpfenstücke in den Sud geben und je nach Größe 20 bis 30 Minuten ziehen lassen.

Beilagen: Butterkartoffeln, heiße Butter und Kopfsalat (in Zitronensahne angemacht)

Eiergerichte

NIT NUR DAT JELBE VOM EI

Eiergerichte

APFELPFANNKUCHEN

Zutaten:
*250 Gramm Mehl,
4 Eier, 1 EL Zucker,
1/4 TL Salz,
3/4 l Milch,
100 Gramm Margarine, 5 - 6 Äpfel (am besten Boskop), je Pfannkuchen 1 EL Zucker und
1/4 TL Zimt*

I. Aus Mehl, Eiern, Zucker, Salz und Milch einen glatten Teig rühren und diesen 30 Minuten lang kühl stellen.

II. Äpfel schälen, vom Kerngehäuse befreien und in dünne Scheiben schneiden, etwas Zucker überstreuen. Margarine in der Pfanne erhitzen, je eine Portion Apfelstücke in das Fett geben, und eine Suppenkelle Teig übergießen. Nach 5 Minuten den Pfannkuchen vorsichtig wenden, und die andere Seite ebenfalls goldgelb braten.

III. Pfannkuchen heiß auf einen Teller legen und mit Zucker und Zimt bestreuen.

Beilage: Kompott

Omas Familienplanung

Omas Nachbarn in Bilk waren lebensfrohe Menschen und zudem recht temperamentvoll. Das Ergebnis des überschäumenden Temperaments stellte sich fast alljährlich mit einem reizenden kleinen Baby ein. Nachdem es ihrer bereits sechs waren und sich das siebte ankündigte, erbat die Nachbarin von Oma einen guten Rat, wie die alljährliche Zuwachsrate gestoppt werden könne.
Oma überlegte nicht lange und meinte: „Ja, do hilft nur ne Appel. Jebt dem dä Mann zu esse, dann passiert nix mie."
Die Nachbarin schaute etwas verdutzt drein und fragte weiter: „Ne Appel? Wann denn, vörher oder hingerher?"
„Nä", meinte Oma, „anstatt".

EIERGERICHTE

Geholfen hat der gute Rat freilich nicht; und als Oma starb, lärmten bereits neun liebe kleine Kinderlein durch Nachbars Haus und Garten.

DÜSSELDORFER „BÜRGER-SCHMARRN"

ZUTATEN:
2 Eier, 1/4 l Milch, 2 EL Mehl, 1 Prise Salz, 50 Gramm geräucherter, durchwachsener Speck, 50 Gramm Kochmettwurst, 40 Gramm Butterschmalz (Butaris)

I. Eier, Mehl, Salz und Milch zu einem glatten, flüssigen Teig verrühren. Speck und Kochmettwurst in dünne Scheiben schneiden.

II. Butterschmalz in einer weiten Pfanne erhitzen, Speck und Kochmettwurst anbraten einmal wenden. Den Teig hinzugießen, und die Unterseite braun braten lassen. Mit einer Gabel den Pfannkuchen auseinanderreißen und unter mehrmaligem Wenden krustig braten.

Beilage: Endiviensalat

Eiergerichte

Omas Bürgernähe

„Ich hann jehört, dat die in Österreich janz stolz sinn op ihre Kaiserschmarrn. Dat is ne zerrissene Pannekoke mit Rosine, Mandele un Zucker. Dat is sicher janz lecker. Weil mer aber in Düsseldorf kinne Kaiser mie hann un mer denne us Wien och nit alles nohmache mösse, hann ich ne Düsseldorfer Bürgerschmarrn erfunge. Ich meen, dä schmeckt och prima."

EIERGERICHTE

FEINE RUSSISCHE EIER

ZUTATEN:
8 hartgekochte Eier, 100 Gramm Krabbenfleisch, 2 EL Kapern, Schnittlauch (in Röllchen geschnitten), Petersilie (gehackt), 2 EL Öl, 2 TL Senf, 2 TL Essig, Salz, Pfeffer, 50 Gramm Räucherlachs, 1 Tube Mayonnaise

I. Eier der Länge nach aufschneiden, das Eigelb herausdrücken, mit gehacktem Krabbenfleisch, Kapern, Schnittlauch, Petersilie, Öl, Senf, Essig, Salz und Pfeffer zu einer Farce verkneten.

II. Die Farce in die ausgehöhlten Eier streichen, mit über Kreuz gelegten Lachsstreifen belegen und mit Mayonnaise verzieren.

III. Gefüllte Eier entweder auf Kartoffelsalat oder angemachtem Endiviensalat anrichten.

Beilage: Weißbrot mit Kräuterbutter

Oma op em Möhneball

„Also, hütt bin ich nit en de Küch; ich meen nit dä janze Tag. Um 10 Uhr mach ich mich op de Söck zum Karlplatz, do is nämlich Möhneball mit de Marktfraue. De Feine Russiche Eier hann ich üch parat jemacht. Ihr mößt nur noch dat Brot opschnieden un de Butter drop schmiere. Wann ich nohus komm, weeß ich noch nit. Et kann jo sinn, dat se mich no de Musik un dem Schunkele noch afschleppe donn - em Uerige oder em Schlüssel; nit wat ihr do denkt. Schließlich hann in Düsseldorf vör em Karneval de Fraue nur emol wat se sage. Dat moß mer usnötze."

Immer am Donnerstag, eber zum Altweiberkarneval, machte sich Oma besonders fein und meinte: „Een al Schachtel bin ich et janze Johr, un deswääje donn ich mich hüt so richtich ofputze, damit mich de Männer och e Bützke jääve donn".

Oma stülpte ihre schon leicht verstaubte Perücke über, arbeitete mit Pinsel und Quast in ihrem Gesicht, lieh sich von ihrer Tochter einen

EIERGERICHTE

Lippenstift, drehte sich zweimal vor dem Spiegel herum und meinte: „Bin ich nit en schöne Frau? Mit denne jonge Dinger, die sich wie en Hex verkleide donn, kann ich et immer noch ofnähme".

Danach wurde Oma nicht mehr gesehen; bis zum späteren Abend.

SOLEIER

ZUTATEN:
8 - 10 hartgekochte Eier,
2 l Wasser,
4 EL Salz,
Öl, Senf,
Pfeffer, Salz

I. Die Eierschalen „antitschen", und die Eier in das kalte Salzwasser legen. Einige Tage stehen lassen.

II. Eier pellen, der Länge nach durchschneiden, den Dotter herausdrücken.

III. Den Dotter mit Salz, Pfeffer, Öl und Senf verkneten und wieder in das ausgehöhlte Eiweiß füllen. Sofort verzehren.

Beilage: Röggelchen mit Griebenschmalz

EIERGERICHTE

VERLORENE EIER
in Kräuter-Sahne-Soße

ZUTATEN:
*8 Eier, 2 l Wasser,
2 EL Salz, 1/8 l Essig,
2 EL Mehl,
30 Gramm Butter,
Salz, Pfeffer, Muskat,
3/4 l Bouillon, 1 Bund
Petersilie (gehackt),
1 Becher (150 ml)
süße Sahne*

I. Wasser mit Salz und Essig zum Kochen bringen. Die Eier einzeln und vorsichtig auf einer Untertasse aufschlagen, das Eiweiß über den Dotter ziehen. Dann nacheinander in das kochende Wasser gleiten lassen. Hitze wegnehmen und die Eier 4 Minuten ziehen lassen.

II. Butter heiß werden lassen, das Mehl darin anschwitzen, Bouillon angießen, aufkochen lassen, mit Salz, Pfeffer und Muskat würzen, nochmals abschmecken. Zum Schluß die Sahne und Petersilie unterrühren, die Eier in die Soße legen und 5 Minuten ziehen lasssen.

Beilagen: Salzkartoffeln, Kopfsalat

Verlorene und fast verlorene Eier

„Ich kann dat nit verstonn. Hütt is Ostermontag un du häst überhaupt kinn Eiere mie. Die ville jröne, rode un blaue Eiere mit die schöne Abziehbildches drop kannste doch nit all schon opjejesse hann. Oder woste jestern zum Eiertitsche bei dinn Kamerade? Alle die schöne Eiere häste verlore. Do wor sicher eener dobei, dä hätt e Jipsei jehatt, un dat kann mer nit optische. Jetzt häste Verlorene Eiere. Die jibt et hütt och bei de

Eiergerichte

Oma. Minn Eiere sinn aber nit janz verlore. Wenn du e bißke in de Soß römröhre dehst, komme se widder zum Vorschein. Mer muß schon wisse, wie mer de Eiere verlieren kann, damit se nit janz verlore sinn".

Eiertitschen ist ein alter Osterbrauch im Rheinland. Man schlägt zwei bunte, hartgekochte Eier gegeneinander. Derjenige hat das Ei gewonnen, dem es gelingt, die Schale des anderen Eies zum Platzen zu bringen. Das Ei wechselt dann den Besitzer. Bei diesem Spiel gibt es immer wieder „Fuschbröder", die ein gefärbtes Gipsei verwenden.

Kartoffel- und Gemüsegerichte – Salate

ET MOSS NIT IMMER FLEESCH SINN - E BISSKE ABER DOCH

KARTOFFEL- UND GEMÜSEGERICHTE – SALATE

DICKE BOHNEN
„Schöne Rheinländerin"

ZUTATEN:
2 kg frische dicke Bohnen, 125 Gramm fetter Räucherspeck, 1 1/2 l Wasser, 1 EL Salz, 30 Gramm Schweineschmalz, Pfeffer, 1 - 2 Zwiebeln, 1/2 Bund frisches Bohnenkraut (nur die gehackten Blätter verwenden), 4 EL Mehl, 1 Becher (150 ml) saure Sahne

I. Bohnenkerne aus der Schale nehmen, abwaschen und 12 Minuten in Salzwasser kochen, dann abschütten und das Kochwasser auffangen.

II. Zwiebeln und Speck in kleine Würfel schneiden. Schmalz erhitzen und Speck und Zwiebeln darin anbraten, bis sie glasig sind. Mehl hinzugeben und einige Minuten unter ständigem Rühren anrösten. 1/2 l Bohnenwasser angießen, kurz aufkochen lassen, mit Salz und Pfeffer abschmecken, Bohnenkerne und Bohnenkraut hinzugeben; dabei immer rühren. In die nicht mehr kochende Soße die saure Sahne vorsichtig einrühren, damit sie nicht gerinnt. Jetzt noch einmal alles 10 Minuten ziehen lassen.

Beilagen: Salzkartoffeln, gekochter und geräucherter Bauchspeck oder Mettwürstchen

„DÖPPEDOTZ"

ZUTATEN:
1 1/2 kg Kartoffeln, 2 - 3 Zwiebeln, 1 EL Salz, 1/2 TL Pfeffer, 3 Eier, 8 EL Öl, 150 Gramm durchwachsener, geräucherter Speck, 300 Gramm gekochte Mettwurst

I. Kartoffeln schälen und fein reiben, dann 10 Minuten stehen lassen und in ein feines Küchensieb schütten; dabei das Wasser auffangen. Dieses dann nach einigen Minuten vorsichtig abschütten, damit die am Boden gesammelte Stärke nicht mit fortgegossen wird. Die Kartoffelstärke, mit den klein geschnittenen Zwiebeln, den Eiern, mit Salz, Pfeffer und 4 EL Öl unter die Kartoffelmasse kneten.

II. Eine hohe, feuerfeste Form mit etwas Öl auspinseln, den Speck in dünne Scheiben schneiden und auf den Boden der Form gleichmäßig auslegen. Die Masse einfüllen. Mettwurst in Scheiben schneiden und unter die Masse drücken. Das restliche Öl übergießen; und den

Kartoffel- und Gemüsegerichte – Salate

"Döppedotz" im auf 200° vorgeheizten Backofen 2 - 2 1/2 Stunden braten, bis er eine goldbraune Oberfläche bekommt. Sofort in Stücke schneiden und heiß servieren.

Beilage: Feldsalat

DÜSSELDORFER PILLEKUCHEN

I. Kartoffeln schälen und in sehr dünne Stifte schneiden. Schmalz in einer weiten Pfanne erhitzen, gewürfelten Speck und Zwiebeln hinzugeben und kurz andünsten.

II. Kartoffelstifte in die Pfanne geben, gleichmäßig verteilen, mit Salz, Pfeffer und Muskat würzen. Den Pillekuchen unter mehrmaligem Wenden goldgelb braten und dann bis zum Pfannenrand auseinanderstreichen.

III. Eier mit Mehl und Sahne verquirlen, mit etwas Salz, Pfeffer und Muskat würzen, über den Kuchen gießen und stocken lassen. Sofort heiß servieren.

Beilage: Apfelkraut

ZUTATEN:
*1 kg festkochende Kartoffeln,
150 Gramm durchwachsener Speck,
30 Gramm Schweineschmalz,
2 - 3 Zwiebeln,
1 TL Salz,
1/2 Teelöffel Pfeffer (weiß),
1/4 TL Muskatpulver,
3 Eier, 3 EL Mehl,
1/2 Becher (75 ml) saure Sahne*

Kartoffel- und Gemüsegerichte – Salate

Tünnemann geht zur Marine ...

... und dann auch noch zur schwedischen Handelsmarine. Für Oma brach eine Welt zusammen. Nie hätte sie zugegeben, daß ihr der Lieblingsenkel fehlen würde. Nein, Oma äußerte nur die Sorge, daß ihr Tünnemann dort verhungern könnte:

„Jong, ich weeß nit wat die do esse. Kenne die überhaupt Flönz un Riefkoke? Muß et och jrad so wiet sinn. Schweden, wo is denn dat jenau? Ich meen, am beste wööste Koch, dann kannste dich immer dat koche, wat dich am liebste is. Schließlich häste mich ja oft jenoch in de Pött jekickt, um zo wisse, wie mer Kartoffele kocht."

Als Tünnemann nach zwei Jahren braungebrannt und wohlgenährt wieder vor Omas Türe stand:

„Et scheint ja doch nit janz so schlimm jewäse sinn; ich meen dat mit dem Esse bei de Schwede. Jetzt komm aber janz schnell zu mich in de Küch: Verzäll mich wie et wor in Afrika, Amerika und sonstwo. Ich hann och e paar Fläschkes parat, und dann mach ich für dich ne Düsseldorfer Pillekoke, denn so wat Joodes hätt et sicher nit op em Schiff jejäve."

KARTOFFEL-UND GEMÜSEGERICHTE – SALATE

„FLÖNZ"-KARTOFFELN

I. Kartoffeln in der Schale kochen, abgießen, auskühlen lassen, pellen und in dünne Scheiben schneiden.

II. Pelle von der Blutwurst abziehen, und diese in Ringe schneiden. Schmalz in der Pfanne erhitzen, Kartoffelscheiben, geschnittene Zwiebeln und Blutwurst hinzugeben; mit Salz, Pfeffer und Majoran würzen. Alles bei mittlerer Hitze 30 Minuten braten. Dabei ein- bis zweimal wenden.

Beilagen: Chicoree-Salat

ZUTATEN:
750 Gramm festkochende Kartoffeln,
400 Gramm einfache Blutwurst (Flönz),
3 Zwiebeln, 20 Gramm Schweineschmalz,
1/2 TL Pfeffer,
1 TL Majoran,
1/2 TL Salz

GURKENSALAT
aus dem „Gurkenland"

I. Saure Sahne mit Essig, Öl, Salz, Pfeffer und den gehackten Kräutern vermischen.

II. Gurke schälen, in sehr dünne Scheiben schneiden und mit der Salatsoße vermischen. Sofort servieren.

ZUTATEN:
1 Schlangengurke oder 6 kleine dicke Gurken,
2 EL Kräuteressig,
1 EL Öl, 1 Becher (150 ml) saure Sahne,
Salz, Pfeffer, 1 Bund Schnittlauch,
1/2 Bund Petersilie,
4 Stengel Dill,
4 EL Kresse

Das schöne „Gurkenland" …

… im Stadtteil Eller gibt es heute nicht mehr. Es wachsen keine Gurken mehr dort, dafür aber große Wohnblöcke, und bei denen ist kein Platz „för dat Järtche beim Hüske".
Früher war das alles einmal anders: kleine Häuser mit Gärtchen davor und dahinter. In denen wuchs alles, was für den Gurkensalat gebraucht wurde: Gurken, Schnittlauch, Petersilie, Zwiebeln, Kresse und Dill. Auch Kartoffeln und Gemüse kamen aus dem eigenen Garten, und so manch einer hielt sich auch Hühner und Kaninchen.

Kartoffel- und Gemüsegerichte – Salate

So konnte dort recht sparsam gekocht werden. Omas Kommentar: „Die Lütt im Jurkenland sinn sparsam, die komme zu wat. Die donn nit alles verfresse – nur dat, wat se selber anbaue donn."

Trotz ihrer Sparsamkeit sind die „Gurkenländer" nicht Eigentümer der heutigen Wohnblocks geworden. Manch einer hat es aber zu einem kleinen Häuschen weit vor den Toren der Stadt gebracht – natürlich mit Gärtchen für die Gurken.

KARTOFFEL-UND GEMÜSEGERICHTE – SALATE

HERINGSSALAT
von „de Oma ihr Oma"

ZUTATEN:
*8 Salzheringe (ausgenommen),
400 Gramm Pellkartoffeln, 2 säuerliche Äpfel, 2 Gewürzgurken, 2 Zwiebeln 1 EL Senf (mittelscharf),
1 Becher saure Sahne (150 ml), 100 Gramm gehackte Walnüsse,
200 Gramm eingelegte Rote Beete, 2 hartgekochte Eier*

I. Heringe 4 Stunden wässern, dabei das Wasser einmal austauschen, Kopf und Schwanz abschneiden, die Fische der Länge nach halbieren, die Gräten herauslösen, und die Filets in kleine Stücke schneiden.

II. Kartoffeln pellen, in kleine Würfel schneiden. Äpfel schälen, das Kerngehäuse herausschneiden, vierteln und in dünne Scheiben schneiden. Gurken und Zwiebeln in kleine Würfel schneiden, die Rote Beete in sehr dünne Streifen schneiden.

III. Alles zusammen mit den Heringsstücken, dem Senf und der sauren Sahne vermischen, die gehackten Nüsse unterheben und 1 Stunde kühl stellen. Die Eier pellen, vierteln und damit den Salat dekorieren.

Beilage: Weißbrot oder Bratkartoffeln

Calamares oder Heringssalat?

„Jetzt jeht et aber loß! Wie kann mer denn nur so e wabbelich Viehzeuch esse? Bah, do bin ich fies för. Tintenfische? Die solle doch janz jefährlich sinn, un die schwazze Bröh, die die verspritze donn. Nä, Tünnemann, morje jibt et ne Heringssalat met Bratkartoffele dobei. Do wisse mer, wat mer hann. Dat Rezept hann ich von minn Oma; die konnt dä am beste mache."

KARTOFFEL-UND GEMÜSEGERICHTE – SALATE

„HIMMEL UN EHD"

ZUTATEN:
1 kg Kartoffeln,
1 l Wasser, 1 TL Salz,
1 kg Äpfel (Boskop
oder Cox Orange),
2 EL Zucker, Saft einer halben Zitrone,
je 1 Prise Pfeffer und
Muskat, 125 Gramm
durchwachsener,
geräucherter Speck,
2 - 3 Zwiebeln

I. Kartoffeln schälen, in kleine Würfel schneiden und im Salzwasser 20 Minuten kochen, abgießen und zerstampfen.

II. Äpfel schälen, vierteln, Kerngehäuse herausschneiden; mit etwas Wasser, Zitronensaft und Zucker zu Kompott verkochen.

III. Kartoffeln und Äpfel untereinander mischen, mit Salz, Pfeffer und Muskat abschmecken und warm halten.

IV. Speck würfeln, Zwiebeln in Ringe schneiden und beides in etwas Fett bräunen. Dann über das Kartoffel-Apfel-Gemisch verteilen.

Beilage: in Scheiben geschnittene und gebratene einfache Blutwurst (Flönz)

KARTOFFELKLÖSSE
– mal so oder so

ZUTATEN:
1) 1 kg gekochte, mehlige Kartoffeln,
150 Gramm Mehl,
Salz, 2 Eier
2) 1 kg rohe, geschälte
Kartoffeln,
200 Gramm
Speisestärke, Salz,
1/4 l heiße Milch

I.I. Kartoffeln heiß zerstampfen, Mehl, Salz, und Eier mit der Kartoffelmasse verkneten.

2 l Salzwasser zum Kochen bringen. Mit angefeuchteten und bemehlten Händen Klöße formen, diese in das kochende Wasser geben, Hitze stark reduzieren, und die Klöße 20 Minuten ziehen lassen.

I.II. Rohe Kartoffeln schälen, sehr fein reiben. 15 Minuten stehen lassen, dann durch ein Küchensieb streichen, und die Brühe auffangen. Die Brühe vorsichtig abgießen, damit die Stärke erhalten bleibt.

Die Kartoffelstärke zusammen mit der Speisestärke, mit Salz und Milch unter die Kartoffelmasse kneten.

Kartoffel- und Gemüsegerichte – Salate

2 l Salzwasser zum Kochen bringen. Mit angefeuchteten und bemehlten Händen Klöße formen, diese in das kochende Salzwasser geben, Hitze stark reduzieren, und die Klöße 20 Minuten ziehen lassen.

Beilagen: Schweinebraten, Rinderbraten, Rouladen oder Gulasch, Salat oder Rotkohl

KARTOFFELSALAT
für den Heiligen Abend

I. Kartoffeln pellen, in dünne Scheiben schneiden. Möhren schälen, klein schneiden und in kochendem Salzwasser 8 Minuten kochen lassen, abgießen. Zwiebel würfeln.

II. Alles in eine Schüssel geben. Salz, Pfeffer, Mayonnaise, Joghurt, Nüsse, Schinkenwurst, Gurkenstücke, Eier, Essig, Öl, dünn geschnittene Apfelstücke und Senf untermischen. Den Salat eine halbe Stunde kühl stellen.

III. Die gehackte Petersilie unterziehen und dann sofort servieren.

Beilagen: Wiener Würstchen oder gebratenes Fischfilet

Zutaten:

600 Gramm ausgekühlte Pellkartoffeln, 2 Möhren, 1 Zwiebel, Salz, Pfeffer, 1/2 Bund Petersilie (gehackt), 6 EL Mayonnaise, 1 Becher (150 ml) Joghurt, 1 Apfel, 3 EL gehackte Walnüsse, 100 Gramm in dünne Scheiben und Streifen geschnittene Schinkenwurst, 2 klein geschnittene Gewürzgurken, 1/8 l Gurkenessig, 2 hartgekochte Eier (klein geschnitten), 2 EL Öl, 1 TL Senf (mittelscharf)

KARTOFFEL- UND GEMÜSEGERICHTE – SALATE

MATJESSALAT
„för feine Lütt"

ZUTATEN:
*6 Matjesfilets,
150 Gramm gekochter Schinken, 150 Gramm kalter Kalbsbraten,
3 Eier (hartgekocht und gehackt), 2 Essiggurken,
5 EL Rote Beete,
1 Zwiebel (in feine Ringe geschnitten),
6 EL Mayonnaise,
1 Becher (150 ml) Joghurt, Pfeffer, Schnittlauch (in kleine Röllchen geschnitten),
je 1 Spritzer Tabasco- und Worchestersoße,
2 EL Tomatenketchup*

I. Matjesfilets, Schinken und Braten in kleine Stücke schneiden. Rote Beete und Gurken klein schneiden, mit den Zwiebelringen vermischen.

II. Eier, Mayonnaise, Joghurt, Pfeffer, Schnittlauch, Tabasco, Worchestersoße und Ketchup unterziehen und 2 Stunden kühl stellen.

Beilage: Weißbrot mit Knoblauchbutter

De Tour vermasselt

Oma war zu einer Party bei „feine Lütt" eingeladen, und weil der Gastgeber wußte, daß Oma früher einmal Hotelköchin gewesen war, bat er sie um eine kulinarische Überraschung für seine Gäste.

„Gnädige Frau, hätt dä zu mich jesacht; so hätt mich bisher noch nie eener anjesproche. Do moßt ich mich doch wat janz besonderes infalle loße – aber wat? Dann hann ich die Idee jehatt, dat doch ne Matjessalat nit verkehrt sinn könnt. Aber nit so ne ordinäre, wie ich em för üch mach. Feine Lütt mösse schon wat Besseres krieje. Als ich mit minn Schüssel an dat kalte Buffet jekomme bin, hätt et mich jlatt de Sproch verschlage, un ich hann mich richtich jeschämt mit minne Matjessalat. Dat kannste dich nit vörstelle, wat et do alles zu esse jejäve hätt: Lachs un Kaviar, Hummer un Rentierschenke, Schnecke un Stör in Gelee, von de feine französische Käs un de Puddings un Cremes janz emol zu schweije. Nä, Lisbett, do kannste mit dinne Salat nit mithalde – hann ich mich jesacht.

Aber wat soll ich dich saje; all die vürnehme Gäst hann sich so über dä Salat hergemacht, dat no en halbe Stund och kinn einzich Löffelche mie in de Schüssel wor. Da hätt dä Gastgeber janz schön dumm us de Wäsch jekickt. Von sinne feine Krom is noch en janze Meng übrich je-

KARTOFFEL-UND GEMÜSEGERICHTE – SALATE

blieve; un op de Riefkoke mit Lachs drop is he sitze jeblieve.
Ich jlöf, noch emol lädt dä mich nit zu sich in. Kann ich joot verstonn, wer läßt sich och schon mit ne popelije Matjessalat sinn noble Tour vermassele."

MUTTERTAGS-SPARGEL

I. Spargel schälen, die holzigen Endstücke entfernen. Die Spargelabfälle in Wasser mit Salz, Butter und Zucker 30 Minuten auskochen. Die geschälten Spargelstangen in ein feuchtes Tuch wickeln.

II. Abfälle aus dem Wasser fischen, die Spargelstangen 10 Minuten kochen. Butter heiß werden lassen.

III. Kalbssteaks mit Salz und Pfeffer würzen und im heißen Pflanzenfett von jeder Seite 5 Minuten braten. Die heiße Butter über die angerichteten Spargelstangen gießen.

Beilage: neue Kartoffeln

ZUTATEN:
1 kg frischer weißer Spargel, 1 EL Salz, 20 Gramm Butter, 1 Prise Zucker, 100 Gramm Butter, 4 Kalbssteaks, Salz, Pfeffer, 30 Gramm Pflanzenfett

KARTOFFEL-UND GEMÜSEGERICHTE – SALATE

„Morje is Muttertag ...

... un do blievt minn Küch kalt. Emol im Johr könnt ihr mich zum Esse inlade. In Kaiserswerth jibt et e janz fein Restaurant, Kaiserpfalz heeßt dat, un die hann immer ne frische Spargel us Issum. Aber dat mößt ihr och wisse, billich wöhd dat nit för üch. E lecker Kalbssteak muß schon dobei sinn. Muttertag is nämlich nur emol im Johr. Hingerher jonn mer dann am Rhing entlang no Wittlaer zum Brands Jupp in dä schöne Jaade. Do will ich e Stöck Erdbeerkoke mit ne jroße Klätsch Sahne drop hann – un och e Kännche Kaffee."

Oma wußte, wo es in Düsseldorf ganz besonders schön ist. Kaiserswerth ist der schönste und geschichtsträchtigste Stadtteil Düsseldorfs – und nicht nur am Muttertag einen Ausflug wert. Am Beginn des Rundgangs durch die romantischen Gassen mit den schönen Renaissance- und Barockhäusern sollte ein Besuch der Suitbertus-Basilika stehen. Dieses gotische Gotteshaus gehört zu den wirklichen Kleinodien der sakralen Architektur am Niederrhein. Besonders sehenswert ist der Schrein des heiligen Suitbertus, das kostbarste Werk mittelalterlicher Kunst in Düsseldorf – ein wahrer Prunksarg mit Eichenholzkern und Beschlägen aus vergoldetem Kupfer und Silber aus dem 13. Jahrhundert.

Historischer Boden, auf dem deutsche Geschichte gemacht wurde, ist die alte Kaiserpfalz; heute nur noch in einer mächtigen Ruine erhalten. Von hier wurde im Frühjahr 1062 der damals sechsjährige spätere deutsche Kaiser Heinrich IV. vom Kölner Erzbischof Anno II. auf ein Schiff gelockt und rheinaufwärts nach Köln entführt. Das ist schon lange her, aber gehört zur überlieferten Geschichte.

Noch älter ist der „Große Stein", das wahrscheinlich älteste Kulturdenkmal im Großraum Düsseldorf. Dieser aus dem 1. Jahrtausend vor Christus stammende Menhir (keltischer Kultstein) ist in der Nähe der Kaiserswerther Diakonissenanstalt, am Straßenrand der Düsseldorfer Landstraße/Zeppenheimer Weg, zu sehen – wird aber meist übersehen.

Kaiserswerth war früher kurkölnische Festung und oft hart umkämpft. Während der Pfälzischen Erbfolgekriege wurden Ort und Festung beschossen und belagert. Bereits wenige Jahre später, nämlich 1702,

Kartoffel- und Gemüsegerichte – Salate

während des Spanischen Erbfolgekrieges, wurde Kaiserswerth fast völlig zerstört, später aber weitgehend nach alten Plänen wieder aufgebaut. Auch im Zweiten Weltkrieg hatte Kaiserswerth zu leiden. So wurde u.a. die Suitbertus-Basilika in den letzten Kriegstagen durch Beschuß von der linken Rheinseite schwer getroffen und teilweise zerstört.

Von Kaiserswerth zum nördlichsten Stadtteil Düsseldorfs, nach Wittlaer, geht man zu Fuß in einer knappen Stunde; immer am Rhein entlang über den alten Treidelpfad und mit schönem Blick auf die stille niederrheinische Landschaft.

Sehenswert ist in Wittlaer die Pfarrkirche St. Remigius, ein romanisches Schatzkästlein mit der interessanten modernen Kreuzigungsgruppe von Mataré.

KARTOFFEL- UND GEMÜSEGERICHTE – SALATE

ZUTATEN:
*500 Gramm Mehl,
Salz, 5 Eier,
1/4 l Milch,
1 1/2 l Salzwasser*

OMAS (LEHM-)MEHLKLÖSSE

I. Mehl, Salz, Eier und Milch zu einem glatten Teig verrühren, ggf. noch etwas Milch hinzugeben, wenn der Teig zu fest ist. Den Teig 1 Stunde kühl stellen.

II. Salzwasser zum Kochen bringen. Mit einem nassen Eßlöffel Klöße abstechen, in das kochende Wasser geben und 20 Minuten leicht kochen lassen.

III. Mit einem Schaumlöffel die Klöße herausfischen und sofort servieren.

Beilagen: Gulasch und Endiviensalat

Mehlbüdel - der Altstadtphilosoph

Würde der Mehlbüdel heute noch durch die Gassen und Straßen der Altstadt ziehen, jeder würde ihn als „Penner" bezeichnen. Der Mehlbüdel mit seinem watschelnden Gang, dem schiefen Hals und den doppelt übereinander gezogenen Hosen und Jacken hätte sich eine solche herabsetzende Bezeichnung allerdings energisch verbeten. Seine Lebensphilosophie war vielmehr: „Reichtum ist nichts, Persönlichkeit ist alles". Und eine Persönlichkeit im Düsseldorfer Stadtleben des letzten Jahrhunderts war er auf jeden Fall – wie sonst hätte er zu einem der bekanntesten und beliebtesten Originale werden können?

Kartoffel- und Gemüsegerichte – Salate

Woher er seinen Spitznamen hatte? Darüber gibt es verschiedene Geschichten. Oma erzählte uns immer diese: Als es draußen einmal kalt war, verbrachte er eine Nacht in einer Backstube zwischen den Mehlsäcken. Morgens kam er weißgepudert wieder heraus. Und weil er vergaß, sich abzustauben, hatte er gleich seinen Namen weg – bis an sein Lebensende. Seinen wirklichen Namen kennt heute niemand mehr, und sicher hatte auch er ihn vergessen. In der Backstube soll er nur einmal geschlafen haben. In aller Frühe begannen die Bäcker dort ihre Arbeit, und weil der Mehlbüdel Arbeit scheute wie der Teufel das Weihwasser, war es ihm hier zu laut und ungemütlich. Da verbrachte er schon lieber die eine oder andere Nacht neben dem warmen Sudkessel einer Hausbrauerei. Da gab es am Morgen schon mal ein oder zwei Glas Alt – die richtige Grundlage für sein Tagwerk. Wenn er ein paar Groschen brauchte, ging er zum Bergisch-Märkischen Bahnhof (wo heute der Graf-Adolf-Platz ist) und verdingte sich als Kofferträger. Schwer durften die Koffer natürlich nicht sein.
Ständiger Begleiter des Mehlbüdel war die gefüllte Schnapsflasche in seiner Jackentasche. Ihr Inhalt war meistens ein Geschenk trauernder

Kartoffel- und Gemüsegerichte – Salate

oder fröhlicher Düsseldorfer. Wo in der Altstadt ein Todesfall zu beklagen war, kondolierte Mehlbüdel. Und bei Geburtstagen, Hochzeiten oder Kindstaufen gratulierte er. Da gab es dann nicht nur etwas zu essen, sondern auch eine neue Füllung für die „Schaubauflasche".

Wo der Mehlbüdel wohnte, verriet er niemandem, – schließlich wollte er seine Ruhe vor zu neugierigen Mitmenschen haben. Wann er gestorben ist, weiß auch niemand, und sein Grab ist schon lange eingeebnet. Aber sein „Grabstein" ist heute in Düsseldorf noch allgegenwärtig: in Bildern und Geschichten, in Artikeln der Heimatzeitschriften.

Wenn wir Omas Mehlklöße als „Lehmklöße" bezeichneten, drohte sie uns jedesmal damit, nie mehr eine Geschichte vom Mehlbüdel zu erzählen. Wir gaben Oma das große Ehrenwort und haben doch wieder „Lehmklöße" gesagt – nur viel leiser.

OMAS NEUJAHRS-SALAT

Zutaten:
500 Gramm Rotbarschfilet,
1 - 2 Zwiebeln, Salz,
Pfeffer, 1 TL Senf
(mittelscharf),
1/16 l Weißwein,
2 Gewürzgurken,
2 Tomaten,
3 EL Kräuteressig,
5 EL Sonnenblumenöl,
einige eingelegte kleine Zwiebeln

I. Die Rotbarschfilets 10 Minuten in sehr heißem Salzwasser ziehen lassen, dann herausnehmen und in daumengroße Stücke zerteilen.

II. Zwiebeln sehr klein schneiden, mit Salz, Pfeffer, Senf, Wein, Essig und Öl vermischen und 30 Minuten ziehen lassen.

III. Fischstücke in eine Schüssel geben, geschnittene Gurken und enthäutete und klein geschnittene Tomaten sowie eingelegte Zwiebeln hinzugeben. Die Soße übergießen, vorsichtig unterheben, und alles 15 Minuten ziehen lassen.

Beilage: Buttertoast

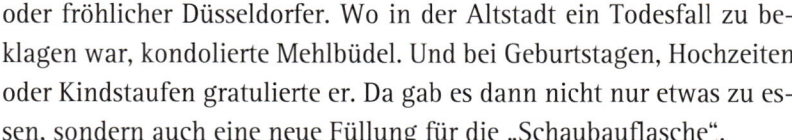

Kartoffel- und Gemüsegerichte – Salate

OMAS RESTEPFANNE

I. Kartoffeln in der Schale kochen, abgießen, auskühlen lassen, pellen und in dünne Scheiben schneiden. Zwiebeln schälen, würfeln, Bratenreste und Wurst in etwas größere Würfel schneiden.

II. Schmalz erhitzen, Zwiebeln, Kartoffelscheiben, Fleisch und Wurst hinzugeben. Mit Salz und Pfeffer würzen und 30 Minuten kräftig braten.
4 Spiegeleier braten und je eins auf jede Portion geben.

Beilage: gemischter Salat

ZUTATEN:
*750 Gramm Kartoffeln,
30 Gramm Schweineschmalz,
Salz, Pfeffer,
250 Gramm Bratenreste,
250 Gramm Fleisch- oder Bierwurst,
2 Zwiebeln, 4 Eier*

Us de Lamäng

„Dä Monat is bald am Eng, un de Rent vom Opa kütt in e paar Tag. Verhongere donn mer aber nit. Ich hann do noch so e paar Restches, us denne kann ich wat mache. Kartoffele sinn noch jenoch im Keller. Un wenn üch dat nit schmecke deht, dörft ihr überhaupt nimmie zu de Oma zum esse komme.
So een Restepann mach ich einfach us de Lamäng. Zwar nit so vürnehm wie dat de Franzose à la main könne. Aber mer sinn ja och kinn Gourmets, un mer blieve op de Ehd – uns Düsseldorfer. Wo solle mer och sonst blieve? Bei uns is et doch am schönste, och bei Reste."

KARTOFFEL- UND GEMÜSEGERICHTE – SALATE

OMAS WOOSCHTSALAT

ZUTATEN:
Je 150 Gramm Fleischwurst, Bierwurst, Schwartenmagen und einfache Blutwurst (Flönz), 2 Gewürzgurken, 1 Zwiebel, 1/2 TL Pfeffer, 1 Bund Schnittlauch (in Röllchen geschnitten), 2 EL Essig, 3 EL Öl, 2 EL Düsseldorfer Senf (mittelscharf), 1 Salatkopf, 2 hartgekochte Eier, 2 Tomaten

I. Die Pelle von der Wurst abziehen, diese zuerst in Scheiben, dann in kleine Würfel schneiden.

II. Aus geschnittenen Zwiebeln, geschnittenen Gurken, Senf, Essig, Öl und Pfeffer eine Soße rühren und unter die Wurstwürfel mischen.

III. Salatkopf in einzelne Blätter zerteilen, waschen und trocken schleudern. Mit den Salatblättern eine Schüssel auslegen, den Wurstssalat einfüllen, Schnittlauch überstreuen. Mit Ei- und Tomatenvierteln dekorieren.

Beilage: Röggelchen mit Griebenschmalz

„POLIZEIFINGER"
à la Béchamel

ZUTATEN:
1 kg Möhren, 1 l Wasser, 1-2 Zwiebeln, 2 EL Mehl, 40 Gramm Butterschmalz (Butaris), Salz, Pfeffer, Muskat

I. Möhren schälen, in dünne Scheiben schneiden, 10 Minuten in kochendes Salzwasser geben. Abgießen und Kochwasser auffangen.

II. Zwiebeln würfeln, im heißen Butterschmalz glasig dünsten, Mehl hinzugeben und einige Minuten anrösten. Ca. 1/2 l Gemüsebrühe angießen, aufkochen lassen, immer wieder umrühren. Hitze reduzieren, mit Salz, Pfeffer und Muskat abschmecken. Die gekochten Möhren unterheben und heiß halten, aber nicht mehr zum Kochen bringen.

Beilagen: Salzkartoffeln und Frikadellen oder Bratwurst

Kartoffel- und Gemüsegerichte – Salate

Wir haben 1 : 0 gewonnen

So haben wir als Kinder gesungen, wenn wir einen Polizisten auf der Straße sahen:

„Do steht ne Schutzmann,

do steht ne Schutzmann,

dä hätt dä janze Tag noch nix jedonn."

Von wegen „nix jedonn"; zumindest einmal war er in Amtsgeschäften fleißig und erfolgreich, nämlich als er uns erwischte, als wir auf den Wiesen vor dem Ständehaus Fußball spielten. Doch den Ball hat er nicht bekommen. Der wurde rechtzeitig ins Gebüsch gebolzt. Oma sagte dazu mit schalkhaft erhobenem Zeigefinger:

„Op de Wies beim Landtag Fußball spiele, dat jeht och nit. Wat solle de Politikers von üch denke? Aber dat mit dem Ball in et Jebüsch wor schon richtig. Dat wor schließlich Notwehr. Wo sollt ihr och ne neue Ball herkrieje."

KARTOFFEL- UND GEMÜSEGERICHTE – SALATE

REIBEKUCHEN

ZUTATEN:
*1 kg Kartoffeln,
2 Eier, 1 - 2 Zwiebeln,
Salz, reichlich
Pflanzenfett*

I. Kartoffeln schälen und reiben. Die Masse einige Minuten stehen lassen und die gezogene Flüssigkeit dann vorsichtig abgießen, damit die Kartoffelstärke nicht verlorengeht. Eier untermischen, Zwiebeln ebenfalls unter die Masse reiben und alles mit Salz würzen.

II. Fett in der Pfanne heiß werden lassen, je einen gehäuften EL Kartoffelmasse in das Fett geben und flach drücken. Die Reibekuchen von beiden Seiten goldgelb braten und sofort heiß servieren.

Beilage: Apfelmus

RÜBSTIELCHER
„von de Oma"

ZUTATEN:
*1 kg Stielmus,
1/2 l Fleisch- oder
Knochenbrühe,
50 Gramm
Butterschmalz
(Butaris), 50 Gramm
Mehl, je 1/8 l Milch
und süße Sahne,
1 Prise Salz, Pfeffer
und Muskat*

I. Stielmus waschen, abtropfen lassen und in der Brühe 5 Minuten kochen; anschließend abgießen, Brühe auffangen. Das Gemüse grob zerhacken.

II. Mehl im Butterschmalz anrösten, etwas Brühe und Milch angießen, durchrühren und aufkochen lassen. Mit Salz, Pfeffer und Muskat abschmecken, Sahne unterrühren und das Gemüse in die Soße geben. Langsam heiß werden lassen, aber nicht mehr zum Kochen bringen.

Beilagen: Salzkartoffeln und Bratwurst

Kartoffel- und Gemüsegerichte – Salate

„Jong komm schnell röver …

… de Rübstielcher sin so wiet. Ich koch se dich jenau so lecker wie im letzten Johr".

Da mußte ich ganz schnell sein, denn „Rübstielcher von de Oma" gab es höchstens zweimal im Jahr. Immer im Mai und ganz frisch aus Omas Garten. Überhaupt – Oma und der Wonnemonat Mai. In diesem Monat sei es ganz gefährlich, in den Garten zu gehen. Denn der Salat schieße und die Bäume schlügen aus – sagte Oma, ging in den Garten und schnitt „de Rübstielcher" ab.

SPARGEL
in feiner Soße

I. Spargelstangen schälen, die holzigen Endstücke abschneiden. Den geschälten Spargel in ein feuchtes Tuch wickeln. Spargelabfälle in 1 l Salzwasser mit etwas Butter und Zucker 30 Minuten auskochen. Die Abfälle wieder herausfischen.

II. Spargelstangen in 5 cm lange Stücke schneiden und dann 10 Minuten im Spargelwasser kochen; abgießen, und das Wasser auffangen.

Zutaten:

1 1/2 kg frischer Spargel, 50 Gramm Butter, Salz, 1 Prise Zucker, 2 EL Mehl, 3/4 l Spargelwasser, 1 EL Zitronensaft, 1/2 Becher (100 ml) süße Sahne 2 Eigelb, 1 Prise Muskat

Kartoffel- und Gemüsegerichte – Salate

III. 40 Gramm Butter erhitzen, Mehl einrühren und einige Minuten zu einer hellen Einbrenne anschwitzen. Nach und nach das Spargelwasser angießen und unter ständigem Rühren aufkochen lassen. Mit Salz, Muskat und Zitronensaft abschmecken. Eigelb in der Sahne verquirlen und unterziehen. Die Spargelstücke in die Soße geben und 10 Minuten ziehen lassen, aber nicht mehr zum Kochen bringen.

Beilagen: Kalbfleischbällchen und Salzkartoffeln

SPARGEL
nach Pariser Art

Zutaten:
2 kg weißer Spargel, 2 l Wasser, 2 EL Salz, 20 Gramm Butter, 1 Prise Zucker, 250 Gramm gekochter Schinken, 4 hartgekochte und klein geschnittene Eier, 1 Bund Schnittlauch

I. Spargel schälen, die holzigen Endstücke abschneiden, und die Spargelstangen in ein feuchtes Tuch wickeln. Wasser mit Salz, Butter und Zucker zum Kochen bringen. Die Spargelabfälle 30 Minuten auskochen und aus dem Wasser fischen.

II. Die Spargelstangen in das kochende Wasser geben und 10 Minuten kochen lassen; herausnehmen und auf einer Platte anrichten.

III. Schinken in feine Streifen schneiden, Schnittlauch in Röllchen schneiden, und beides mit den Eistücken vermischen. Getrennt zum Spargel servieren.

Beilagen: neue Kartoffeln, heiße Butter

Kuchen & Gebäck

UN DOZU
E PÖTTCHE
KAFFEE

ZUTATEN:
*200 Gramm Butter,
125 Gramm Zucker,
Schale einer abgeriebenen und ungespritzten Zitrone, 1/4 TL Salz,
4 Eier, 2 - 3 EL Rum,
200 Gramm Mondamin,
500 Gramm Mehl,
2 TL Backpulver,
Puderzucker*

Kuchen & Gebäck

DÜSSELDORFER MUZEN

I. Zerlaufene Butter mit Zucker, Zitronenabrieb, Salz und Eier schaumig rühren. Rum, Mehl, Backpulver und Mondamin nach und nach unterrühren, bis der Teig glatt ist. Den Teig 1 Stunde kühl stellen.

II. Den Teig auf einem bemehlten Backbrett 1 cm dick ausrollen und ca. 4 cm große Formen ausstechen (Rauten, Quadrate oder Ringe).

III. Frisches Pflanzenfett in der Friteuse auf 200° erhitzen, die Muzen in den Fritierkorb legen (nicht übereinander) und goldgelb ausbacken. Herausnehmen, auf ein Blatt Küchenkrepp zum Entfetten legen und auskühlen lassen. Die ausgekühlten Muzen mit Puderzucker bestreuen.

Getränk: Kaffee

Omas Karnevalsphilosophie

„Im Karneval krieje die et so richtich op dä Kopp – de Preuße. Sinn se doch selber schuld dran. Woröm mußte se sich op em Wiener Kongreß (1815) och unser schön Rheinland ensacke? Mer wore doch mit de deutsche Territorialherre och zofriede. So simmer dann Mußpreuße jewode,

Kuchen & Gebäck

ob mer wollte oder nit. Simmer denn jlücklich im deutschen Nationalstaat? Wenn ich bloß an die letzten beiden Kriege denke. Do hann uns doch die angere janz schön vör de Schnüß jekloppt. Kick dich bloß an, wie uns schöne Stadt jetzt ussieht. Von wejen herrliche Zeiten."

Beim Thema Karneval und Preußen war Oma so schnell nicht zum Schweigen zu bringen:

„Richtich jejäve hann et de Berliner Kommißköpp aber die Kölsche, wenn se in de prächtije Uniforme Stippeföttche mache. Näh, Karneval is schon en hochpolitische Sach. Aber deswäje loße mer uns doch de Muze schmecke."

„DÜSSELWELLEN"
(Marmorkuchen)

Zutaten:
250 Gramm Butter,
300 Gramm Zucker,
6 Eier, 1 Prise Salz,
abgeriebene Schale einer
ungespritzten Zitrone,
300 Gramm Mehl,
200 Gramm Speisestärke, 1 Päckchen
Backpulver, 1/8 l Milch,
2 EL Rum,
4 EL Kakaopulver

I. Angewärmte Butter mit Zucker schaumig rühren. Nach und nach Eier, Salz und Zitronenabrieb unterrühren, am besten mit einem elektrischen Rührgerät (5 Minuten). Mehl, Speisestärke und Backpulver mischen, durch ein Sieb geben und unter die Masse rühren, Milch hinzufügen. Das Gerät auf die kleinste Stufe stellen und rühren bis der Teig so fest ist, daß er schwer von einem Löffel fällt.

II. Eine runde und hohe Backform (Guglhupf- oder Napfkuchenform) ausfetten, mit etwas Mehl oder Paniermehl bestreuen, und die Hälfte des Teigs einfüllen. Unter die zweite Teighälfte Rum und Kakaopulver mischen, ebenfalls in die Form gießen. Mit einer Gabel durch beide Teighälften ziehen, damit eine Marmorierung entsteht.

III. Backofen auf 200° vorheizen, die Form einschieben und den Teig 60 - 75 Minuten backen. Den Kuchen aus der Form auf ein Gitter stürzen und auskühlen lassen. Nach Geschmack mit Puderzucker bestreuen.

Getränk: Kaffee oder Tee

=== Kuchen & Gebäck ===

Düssel – oder die große Klage eines kleinen Flusses

Oma liebte die Düssel; sie kannte sie noch aus „besseren Zeiten". Deshalb sagte sie oft:

„Wenn ich de Düssel wör, so wöhd ich min Schicksal bejammere:
Wat hann se mich doch verhaue. Dat is dä Dank daför, dat ich dä schöne Stadt minne Name jejäve hann. In Betonbette hann se mich enjepackt, wie dat dä Prokustes us de griechische Sagewelt mit de mööde Wanderer jemacht hätt, wenn se bei em penne wollte. Wenn die nit in et Bett passe wollte, hätt dä se einfach mit em Hammer solang zurechtjekloppt, bis die Jröße jestimmt hätt.

Mit mich hann se aber noch vill schlimmere Dinge aanjestellt. Onger de Ehd hann se mich jedröck un ne Deckel op de Nas jepackt; als ob se sich schäme wöhde, dat et mich überhaupt jibt. Da kann mer nur froh sinn, wenn mer endlich still in em Rhing fließe kann. Noch nit emol dat hann se mich jejönnt. Wie us ne Abwasserkanal münde ich in de Altstadt zweimal in dä Vater Rhein. Womit hann ich dat eijentlich verdient, wo et doch fröher an minn Ufere so schön jewähse is? Sojar de Eisvögel hann bei mich jebrütet – von de Stachelditzkes un de Aale im

Kuchen & Gebäck

Wasser janz zo schweije. Ich weeß jo, en große Tochter vom alde Vater Rhein bin ich nit. Deswäje künnte se och us mich kinn Wasserstroß mit Schleuse draan baue, wie se dat mit minn Schwestere Mosel, Lahn oder Neckar jemacht hann.

Ich meen, ich muß janz flöck us em Kaiserteich am Ständehaus us minn eijen Wasser steije un dem schöne Denkmal Vater Rhein janz laut minn Leid klaje. Vill nütze weehd mich dat zwar nit, denn emol versaut is versaut.

Immerhin kann ich aber de Düsseldorfer Jonges dankbar sinn, denn die hann an minn Quell im Bergische Land en schöne Einfassung anbringe looße. Mer muß äve och mit kleene Dinge jlücklich wäähde könne."

ELISENKÜCHLEIN

I. Eier und Zucker schaumig rühren, Zitronenschale, Zitronensaft, Zimt, Nelkenpulver, Muskat und Kardamon mit einrühren. Zum Schluß Mandeln, Nüsse, Zitronat und Orangeat unterheben, so daß der Teig fest, aber noch streichfähig ist.

II. Oblaten auf einem Brett ausbreiten, und den Teig ca. 1 cm dick darauf verteilen, glatt streichen. Der Oblatenrand soll dabei etwas frei bleiben, weil der Teig sich beim Backen noch ausdehnt. Die bestrichenen Oblaten 3 - 4 Stunden stehen und antrocknen lassen.

III. Backofen auf 150° vorheizen, und die Küchlein 20 Minuten backen. Dann mit heiß gemachter Kuvertüre bestreichen und 2 Wochen in einer Blechdose aufheben.

Getränk: Kaffee

ZUTATEN:
300 Gramm Mandeln (geschält und gemahlen),
300 Gramm Haselnüsse (geschält und gemahlen),
5 Eier,
450 Gramm Zucker,
2 abgeriebene Zitronenschalen (von ungespritzten Früchten),
2 TL Zimt, 1/2 TL Nelkenpulver, 3 EL Zitronensaft,
je 1 Prise Muskatpulver und Kardamon,
je 100 Gramm Zitronat und Orangeat (fein gehackt),
30 - 40 Oblaten,
200 Gramm Kuvertüre

Kuchen & Gebäck

Omas elisabethanisches Kaffeekränzchen

„Am 19. November hann ich Namenstag. Ich bin nämlich op dä Name von de heilije Elisabeth von Thüringen jetauft. Do komme all die nette Fraue von de Elisabethenkonferenz, um mich zu gratuliere. Dat sinn minn Freundinne, mit denne ich übers Johr de kranke Dame in den Krankehüser besöke jonn. Mich bringe de Elisabethe zum Namenstag Blömkes un Praline mit. Doför krieje se dann minne Namenstagskoke un och en Kann Kaffee. Hingerher drinke mer dann e Jläske Likör un donn verzälle. Natürlich och von de heilije Elisabeth un von ihre Mann, dem Landgraf Ludwig IV. von Thüringen. Mit dem hätt et de ärme Elisabeth och nit immer leicht jehatt. Dä wor nämlich jenau so sparsam wie de Elisabeth barmherzig wor. Damals job et villmie ärme Lütt als hütt, un de Elisabeth hätt schon fast ihr letztes Hemd verschenkt. Dat hätt dem Ludwig jar nit jefalle, un oft hätt he sinn Frau usjeschängt, weil se alles verschenke deht. Do moßt de Elisabeth sich schon immer wat Neues infalle losse, um nit verwischt zu wähde. Emol hätt et nit jeklappt. Kom se doch mit en janze Schürz voll Brot dörch et Burgtor, un do is ihr dä Graf över dä Weg jeloofe und hätt jesaht, Lisbett wat häste denn do schon widder in de Schürz? Nix besonderes, hätt de Elisabeth jeantwortet, et sinn nur Rose. Dann moßt se och noch de Schürz opmake – un tatsächlich, et wor kinn Brot drin, sondern schöne Rose.
Över so e Rosewunder kann mer sich schon ne janze Nachmittag ongerhalde.

Kuchen & Gebäck

Vielleicht fahre mer am nächste 19. November dann alle zosamme nach Marburg an de Lahn un kicke uns dä kostbare Schrein in de Elisabethkirch an. Dat is nämlich e Meisterwerk der Goldschmiedekunst, über und über mit Edelsteinen besetzt. Wenn de Elisabeth noch könnt, wöhd se dat janze Gold un de Juwele verkloppe un dat Jeld an de ärme Minsche verteile."

GEDECKTER APFELKUCHEN

Zutaten:
500 Gramm Mehl, 200 Gramm Butter, 200 Gramm Zucker, 3 Eier, 1/2 Becher (75 ml) saure Sahne, abgeriebene Schale einer ungespritzten Zitrone, 1 kg Äpfel, 1 Päckchen Vanillezucker, 100 Gramm gehackte Mandeln, 100 Gramm Rosinen

I. Mehl durchsieben, Butterstückchen, Zucker, Eier, Vanillezucker, saure Sahne, Zitronenabrieb mit dem Mehl verkneten und den Teig 90 Minuten kühl stellen.

II. Äpfel schälen, das Kerngehäuse herausschneiden. Die Apfelstücke in etwas Zuckerwasser weich dünsten und dann auskühlen lassen.

III. Die Hälfte des Teigs ausrollen, eine Kuchenform ausfetten, den Teigfladen hineinlegen und die Ränder hochdrücken. Äpfel, Mandeln und Rosinen über den Teig verteilen. Die zweite Teighälfte ebenfalls ausrollen, über den Belag legen und andrücken.

IV. Backofen auf 200° vorheizen und den Kuchen 30 - 40 Minuten backen bis der obere Teigdeckel eine goldbraune Farbe bekommen hat.

Getränk: Kaffee oder Tee

Kuchen & Gebäck

„Setz dich zu mich ...

... un drink e Pöttche Muckefuck mit dinn Oma – ich hann och ne leckere Appelkoke. Ne Muckefuck is ne vill bessere Kaffee als Mokka; do kritt mer kinn Herzklabastere von."

„Danke, Oma, aber waröm sähst du immer Muckefuck? Minn Mama säht daför Malzkaffee."

„Ja, Tünnemann, dä Muckefuck hann uns de Franzose als Ausdruck för jefuschte Mokka hingerlosse. Mokka faux hann se unsere joode Malzkaffee jenannt. Dat heeßt so vill wie falscher Kaffee. Mokka faux kann aber kinne Düsseldorfer usspreche. Do jeht doch Muckefuck besser von de Zong."

KUCHEN & GEBÄCK
OBST-STREUSELKUCHEN

ZUTATEN:
125 Gramm Butter, 125 Gramm Zucker, 2 Eier, 1 Prise Salz, 1 Päckchen Vanillezucker, 5 EL Milch, 375 Gramm Mehl, 1/2 Päckchen Backpulver, 500 Gramm Äpfel oder Aprikosen
STREUSEL:
200 Gramm Butter, 200 Gramm Zucker, 200 Gramm Mehl

I. Butter schaumig rühren, nach und nach Zucker und Eier hinzugeben. Danach Salz, Vanillezucker, Milch, Mehl und Backpulver unterrühren und das Rührgerät solange auf mittlerer Stufe laufen lassen, bis ein mittelfester Teig entstanden ist.

II. Ein Backblech gut einfetten, den Teig gleichmäßig darauf ausstreichen. Äpfel schälen und achteln bzw. die Aprikosen halbieren (den Stein herausnehmen). Das Obst gleichmäßig über den Teig verteilen.

III. Butter und Zucker kalt verkneten, das Mehl unterkneten und mit den Händen Streusel reiben. Diese über die Obstschicht verteilen. Backofen auf 200° vorheizen, und den Kuchen 30 Minuten backen.

Getränk: Kaffee oder Tee

Beim Streuselkuchen erteilte Oma „Geschichtsunterricht"

Denn: „Fell versuffe kütt von Erbbier".

Eine Beerdigung im christlichen Rheinland beginnt mit den Exequien in der Kirche, geht weiter mit der Trauerfeier in der Friedhofskapelle und endet mit der Grablegung. Danach beginnt für die Trauergäste der „fröhlichere" Teil des traurigen Anlasses. So schockierend der Ausdruck „Fell versuffe" auch sein mag, der damit verbundene Brauch hat eine lange historische Tradition. Er stammt noch aus heidnisch-germanischer Zeit.

Kuchen & Gebäck

Wenn der erste Sohn eines germanischen Bauern nach dem Tod des Vaters das Erbe übernahm, mußte er für seine Geschwister und die Verwandten, Freunde und Nachbarn das „Erbbier" ausgeben. Schließlich hatte er ja das Vermögen des Verstorbenen geerbt. Auch in alten Zeiten wird das „Erbbiertreffen" nicht nach einer oder zwei Stunden zu Ende gewesen sein; so ist es dann bis heute geblieben.

Zu Omas Zeiten gab es bei solchen Anlässen für die Damen üblicherweise zum Kaffee einen Streuselkuchen mit viel Hefeteig und wenig Streuseln – den „Beerdigungskuchen". Die Herren wurden nicht so trocken abgespeist: Schnittchen mit hausgemachter Wurst, Käse oder Fisch kamen auf den Tisch und dazu natürlich das „Erbbier". Ein oder zwei Schnäpschen zur besseren Verdauung gehörten selbstverständlich auch dazu. Wann sich dann die traurig-fröhliche Gesellschaft auflöste, lag einzig und alleine an der Menge des „Erbbieres", das zur Verfügung stand.

Kuchen & Gebäck

OMAS PFEFFERNÜSSE

I. Butter, Honig und Zucker aufkochen, bis der Zucker geschmolzen ist. Mehl, Backpulver und Gewürze mischen. Die Honig-Zucker-Masse auskühlen lassen, unter das Mehl kneten. 2 Stunden kühl stellen.

II. Den Teig zu einer Rolle formen, in 2 cm dicke Scheiben schneiden und zu Kugeln formen.

III. Auf ein Blech Backpapier auslegen, die Kugeln aufsetzen, Backofen auf 200° vorheizen, und die Pfeffernüsse in 20 Minuten goldbraun backen. Vom Backpapier lösen, ausbreiten.

IV. Aus Puderzucker, Rum und Wasser einen glatten Teig rühren und auf die noch warmen Pfeffernüsse streichen. Die Pfeffernüsse einige Tage in einer Papiertüte durchziehen lassen.

Getränk: Kaffee oder Tee

ZUTATEN:
50 Gramm Zucker,
100 Gramm Honig,
100 Gramm Butter,
200 Gramm Mehl,
1 Päckchen Backpulver, 1 TL Zimt,
je 1 Messerspitze Kardamon, Piment und Nelkenpulver,
2 EL Wasser, 2 EL Rum,
150 Gramm Puderzucker

WEIHNACHTS-PRINTEN

I. Butter, Honig und Zucker aufkochen, bis der Zucker geschmolzen ist. Gewürze, Haselnüsse, Orangeat und Zitronat hinzugeben und untermischen.

ZUTATEN
350 Gramm Honig,
350 Gramm Zucker,
100 Gramm Butter,
1 EL Zimt,

Kuchen & Gebäck

1/2 TL Nelkenpulver, je 1 Prise Kardamon und Muskat, 250 Gramm gemahlene Haselnüsse, je 50 Gramm Zitronat und Orangeat (fein gehackt), 2 EL Rum, 600 Gramm Mehl

II. Durch ein Küchensieb Mehl über die Masse streuen, Rum hinzugeben und alles zu einem festen Teig verkneten; diesen über Nacht kühl stellen.

III. Den Teig auf einem bemehlten Brett dünn ausrollen, Printen (3 x 8 cm) ausstechen. Ein Blech mit Backpapier belegen, und die Printen aufsetzen. Backofen auf 200° vorheizen und die Printen ca. 15 Minuten backen, auskühlen lassen und 3 Wochen in einer Blechdose lagern.

Getränk: Kaffee oder Tee

KOKOS-MAKRONEN

ZUTATEN:
4 Eiweiß, 1 Prise Salz, 1 Päckchen Vanillezucker, 250 Gramm Puderzucker, 300 Gramm Kokosflocken, Oblaten

I. Eiweiß mit Salz zu einem festen Schnee schlagen. Nach und nach Puderzucker und Vanillezucker unterschlagen bis die Masse schaumig und glänzend ist. Kokosflocken unterheben.

II. Backpapier auf ein Blech auslegen, Oblaten darauf verteilen, und auf jede Oblate einen EL Teig setzen.

III. Backofen auf 100° vorheizen und die Makronen in 45 Minuten trocken werden lassen. Dabei die Backofentüre einen kleinen Spalt offen lassen (z.B. mit einem gefalteten Bierdeckel geht das ganz einfach).

Getränke: Kaffee oder Tee

Kuchen & Gebäck

SPEKULATIUS

ZUTATEN:
500 Gramm Mehl,
1 Päckchen Backpulver,
250 Gramm Zucker,
250 Gramm fein gehackte Mandeln,
je 1 Messerspitze Nelkenpulver, Kardamon und Zimt,
1 TL Kakaopulver,
2 Eier, 250 Gramm Butterschmalz (Butaris)

I. Aus Mehl, Backpulver, Zucker, Mandeln, Eiern, Butterschmalz, Kakao und Gewürzen einen festen Teig kneten und diesen über Nacht kühl stellen.

II. Den Teig auf einem bemehlten Brett dünn ausrollen, gewünschte Formen ausstechen. Ein Blech mit Backpapier auslegen und die Plätzchen drauflegen.

III. Backofen auf 200° vorheizen und den Spekulatius in 10 bis 12 Minuten backen.

Getränk: Kaffee oder Tee

RHEINISCHER PFLAUMENKUCHEN

ZUTATEN:
HEFETEIG.
500 Gramm Mehl,
1/4 l handwarme Milch,
20 Gramm Hefe,
100 Gramm Butter,
75 Gramm Zucker,
2 Eier
BELAG: 2 kg entsteinte Pflaumen oder Zwetschgen, 75 Gramm Zucker

I. Mehl durch ein Küchensieb in eine Schüssel sieben, in die Mitte eine Mulde drücken. Hefe zerdrücken, mit etwas Milch, Mehl und 1 TL Zucker einen Vorteig anrühren. Den Teig zugedeckt gehen lassen, bis er das doppelte Volumen erreicht hat. Jetzt die restlichen Teigzutaten mit Milch unter den Teig kneten (am besten mit einem Knethaken des Rührgeräts). Den Teig wieder zudecken und nochmals gehen lassen bis er wieder das doppelte Volumen erreicht hat.

Kuchen & Gebäck

II. Backblech einfetten, den Teig darauf dünn ausrollen und die Ränder etwas hochdrücken. Das Obst gleichmäßig über den Teig verteilen und noch einmal 15 Minuten gehen lassen.

III. Backofen auf 200° vorheizen, das Blech einschieben und den Kuchen 25 Minuten backen. Noch warm vom Blech nehmen und Zucker überstreuen.

Getränk und Zugabe: Kaffee, Schlagsahne

Zutaten:
125 Gramm Butter,
50 Gramm Zucker,
250 Gramm Mehl,
3 Eier, 1/4 l Milch,
1/2 TL Backpulver,
Puderzucker

WAFFELN
auf rheinische Art

I. Zuerst die Eier trennen, dann Eiweiß steif schlagen und kühl stellen.

II. Butter warm werden lassen bis sie zerläuft. Zucker und Eigelb untermischen und schaumig rühren. Mehl und Backpulver vermischen, Milch etwas anwärmen, zusammen mit dem Mehl unter die Butter rühren, zuletzt das geschlagene Eiweiß vorsichtig unterheben.

III. Waffeleisen einfetten, den Teig dünn auftragen und einige Minuten backen bis die Waffeln knusprig-hellbraun sind. Die heißen Waffeln mit Puderzucker bestreuen.

Getränk und Zugabe: Kaffee und heiße Sauerkirschen (ggf. mit Sahne)

KUCHEN & GEBÄCK

Omas Familienkaffeeklatsch

Das war Tradition: Am Samstag Nachmittag gegen 16 Uhr traf sich die ganze Familie – Vater, Mutter, Schwestern, Brüder und Enkelkinder – bei Oma zum Kaffeetrinken. Es gab aber keinen Kuchen, sondern „wat Richtijes zwische de Zäng". Röggelchen und Brötchen, Schinken, Käse und Wurst – natürlich mit „Botter un Mostert".

Der Einkauf dieser Köstlichkeiten war für Oma eine Art Ritual und füllte den ganzen Vormittag aus. Sie drehte ihre „Metzgerrunde" durch Bilk.
„Op de Lorettostroß beim Metzger London jibt et dä beste Schwatemage.

Kuchen & Gebäck

Dä Schinke koof ich nur op de Bilker Allee bei Eyckeler, un dä kleene Metzger an de Eck von den Kronprinzenstroß hätt ene Flönz, wie mer em besser och nit in de Altstadt kritt. Wat dä Gouda anbelangt, dä is nur beim Milchmann gegenüber so richtig pikant. För de Brötches un Röggelches bin ich extra in de Hohe Stroß jeloofe. Nur dä Hinkel kann die nämlich richtig backe".

Wenn alles bei Tisch strahlte, die 20 bis 30 „Brötches un Röggelches mit de janze Woosch un dä Schinke, mitsamt dem Gouda" aufgegessen waren und auch kein einziges Tröpfchen mehr in der Kaffeekanne war, fühlte sich Oma so richtig froh und zufrieden: „Is se doch widder emol satt jewoode, de verfressene Bagage".

Desserts & süsse Speisen
WAT LECKERES FÖR HINGERHER

Desserts & süsse Speisen

„Blauer Heinrich"

Zutaten:
*1 l Milch,
250 Gramm Graupen,
1 EL Zucker,
1 Prise Salz,
250 Gramm Dörrpflaumen ohne Stein*

I. Milch zum Kochen bringen, Graupen, Zucker und Salz hinzugeben, Hitze reduzieren und die Graupen bei kleiner Flamme 15 Minuten kochen.

II. Dörrpflaumen zu den Graupen geben, gut durchrühren, Hitze völlig wegnehmen, und die Graupen in 15 Minuten ausquellen lassen.

Beilage: Kleingebäck

Eisbecher „Fortuna"

Zutaten:
*125 Gramm Zucker,
1/4 l Milch,
1 TL Zitronensaft,
1 Becher (200 ml) süße Sahne,
500 Gramm vollreife Himbeeren, in Kakao gewälzte Marzipankugeln*

I. Himbeeren kurz heiß werden lassen, dann durch ein Küchensieb streichen und mit 50 Gramm Zucker vermischen. Die Masse kühl stellen.

II. 75 Gramm Zucker mit Milch und Zitronensaft aufkochen, auskühlen lassen und die Sahne untermischen.

III. Glasbecher kühlen, wechselweise je eine Schicht Sahne-Milch und Fruchtmark einfüllen. Die obere Schicht sollte aus Sahne-Milch sein. In die Gefriertruhe oder das Tiefkühlfach stellen und zu Eis werden lassen.

IV. Vor dem Servieren auf jeden Becher eine Marzipankugel (sie soll einen Fußball darstellen) legen.

Beilage: Waffelröllchen

DESSERTS & SÜSSE SPEISEN

Nur Mut, Fortuna!

Ihr seid die schnellste deutsche Fußballmannschaft. Das hat euch noch keiner vorgemacht: So „flöck" in nur zwei Jahren von der Bundesliga in die Amateurliga abzusteigen und in weiteren zwei Jahren wieder mit einem „Express-Fahrstuhl" in die Bundesliga zurückzukommen; „un dann och noch drinblieve".

Deutscher Meister wart ihr schon einmal – 1933, und Oma war damals in Köln dabei. „Jong, dat kannste dich nit vörstelle, wie die die Schalker naß jemacht hann. 3 : 0 hann se jewonne. Un ich wor janz heiser, so hann ich jebrüllt, och noch als dat Spiel am Eng wor. Hingerher dorft ich sojar noch dem Paul Janes die Hand dröcke. Dat wor ne schöne Tag för Düsseldorf, de Fortuna un för mich."

Vielleicht wird Fortuna im nächsten Jahr wieder Deutscher Meister. Und dann ist es bis zum Gewinn des Europacups nicht mehr weit; schließlich sind die anderen auch nicht viel besser.

Bei solch hochfliegenden Zukunftsträumen muß schnell das „Übermütchen" gekühlt werden – am besten mit Fortuna-Eis.

DESSERTS & SÜSSE SPEISEN

ZUTATEN:
8 große Äpfel (am besten Boskop), 8 Stück Würfelzucker, gehackte Mandeln, Rosinen, 8 TL Butter

GEFÜLLTE BRATÄPFEL

I. Aus den ungeschälten und gewaschenen Äpfeln mit einem Apfelstecher das Kerngehäuse herausschneiden.

II. In die Öffnung je 1 Stück Würfelzucker, Mandeln und Rosinen füllen; die Öffnung mit Butter verschließen.

III. In eine feuerfeste Form etwas Apfelsaft gießen, die Äpfel mit der Öffnung nach oben in die Form setzen. Den Backofen auf 200° vorheizen und die Äpfel 20 Minuten braten. Anschließend sofort heiß servieren.

Beilage: süßes Kleingebäck, z.B. Spekulatius

Es roch so nach Äpfeln und Nüssen

Immer das gleiche vor dem Nikolausabend. Die Vorfreude auf Omas Bratäpfel war groß – wenn da nur nicht der Besuch des heiligen Mannes mit seinem schwarzen Gesellen gewesen wäre. St. Nikolaus mit seinem gefüllten Sack und dem „klugen Buch" – angefüllt mit allen kleinen und etwas größeren Kindersünden des letzten Jahres – war ja noch zu ertragen. Obwohl wir uns manchmal gefragt haben, woher er denn wußte, daß wir wieder einmal „Schellemännekes" gemacht hatten, zur Nachbarin „du al Hex" gesagt oder dem Hund vom „Schmitze Billa" eine leere Dose an den Schwanz gebunden hatten. Alle Sünden wurden vorgelesen, und mit finsterer Miene sagte St. Nikolaus zu Hans Muff: „Nimm deine Rute,

und gib den ungezogenen Kindern das, was sie verdient haben."
„Näh heilije Mann, mer donn dat och nimmie widder – janz ehrlich. Im nächsten Johr simmer so brav wie de Engelches".
Hans Muff steckte seine Rute wieder ein, und St. Nikolaus öffnete seinen großen Sack. Es gab da Äpfel und Nüsse, Kamelle und Printen. Erleichtert warteten wir darauf, daß Oma endlich die lecker duftenden Bratäpfel aus dem Backofen nahm. „Do konnt uns dä schwazze Mann mit sinn Rut och nimmie bang mache."
Das Nikolausritual nahm sein Ende, als wir einmal fragten, warum denn Opa und Vater immer dann kämen, wenn Nikolaus und Hans Muff gegangen wären.
„Ihr merkt och alles, verflixte Pänz."
Die Bratäpfel gab es aber auch weiterhin am Nikolausabend.

KÜRBIS-KOMPOTT
süß-sauer

ZUTATEN:
1 kg Kürbis,
1/2 l Weißwein,
1/2 l Weinessig,
1 Stange Zimt,
750 Gramm Zucker,
5 Nelken, Saft einer Zitrone

I. Essig und Wein heiß werden lassen, Zucker darin auflösen, Nelken und Zitronensaft hinzugeben. Alles kurz aufkochen und Zimt hinzufügen.

II. Kürbis schälen, Kerngehäuse herausschneiden, Kürbisfleisch in kleine Stücke schneiden und in eine Schüssel füllen. Die Wein-Essig-Mischung ca. 1 Stunde einkochen lassen, erst durch ein Küchensieb, dann über die Kürbisstücke gießen. 2 - 3 Tage geschlossen stehen lassen.

III. Kürbisstücke portionsweise herausnehmen und als Kompott servieren. Restliche Kürbisstücke in ein Glas füllen, den Sud noch einmal aufkochen und über das Kompott im Glas gießen. Mit Pergamentpapier verschließen. Soll das Kompott länger aufgehoben werden, in jedes Glas zusätzlich ein Gläschen hochprozentigen Rum gießen.

Beilage: Löffelbiskuits

Zutaten:
3/4 l Milch, 1 Prise Salz, 200 Gramm Gries, 40 Gramm Butter, 3 Eier, 150 Gramm Zucker, 50 Gramm gehackte Mandeln, Himbeersirup, 250 Gramm vollreife Himbeeren (oder anderes Kernobst)

Desserts & süsse Speisen

OMAS GRIES(G)KRAM

I. Aus Milch, Salz, Zucker und Gries einen dicken Griesbrei kochen und diesen auskühlen lassen.

II. Butter und Eier verrühren, zusammen mit den gehackten Mandeln unter den Brei mischen, und alles in eine ausgefettete Puddingform füllen. Die Form verschließen. Den Brei im Wasserbad 60 Minuten kochen lassen.

III. Himbeeren mit etwas Zucker heiß werden lassen. Die Puddingform aus dem Wasserbad nehmen, kalt abspülen und den Pudding auf eine Platte stürzen und auskühlen lassen.

IV. Über den Pudding Himbeersirup und die heißen Früchte gießen.

Beilage: Butterkekse

Zutaten:
4 Brötchen, 1/4 l Milch, 2 EL Paniermehl, 20 Gramm Butter, 75 Gramm Rosinen, 4 EL Zucker, 4 EL gemahlene Haselnüsse, 2 EL Kokosflocken,

OMAS „REICHE RITTER"

I. Brötchen in dicken Scheiben aufschneiden, mit der Milch begießen und 10 Minuten durchziehen lassen.

II. Einer feuerfeste Form mit Butter ausstreichen und mit Paniermehl bestreuen. Brötchenscheiben gleichmäßig darüber verteilen, und Rosinen überstreuen.

DESSERTS & SÜSSE SPEISEN

1 Glas Sauerkirschen,
4 Eier,
1 Becher süße Sahre,
3 EL Mandelblättchen

III. Sauerkirschen abtropfen lassen, über die Rosinen verteilen, Zucker überstreuen, darüber Haselnüsse und Kokosflocken. Eier mit 1 EL Zucker in der Sahne verquirlen und übergießen. Auf den Sahne-Eier-Guß die Mandelblättchen streuen. Backofen auf 200° vorheizen, die Form einschieben. 45 Minuten backen lassen. Sofort heiß servieren.

Beilagen: können entfallen

OMAS RUMTOPF

ZUTATEN:
1 - 2 kg vollreife Früchte nach der Jahreszeit, 2 l Rum (54%), 500 Gramm Zucker

I. Früchte säubern, mit etwas Zucker bestreuen bis sie Saft ziehen, dann in einen verschließbaren Steinguttopf legen. 1 l Rum übergießen. Topf verschließen und kühl stellen. Nach und nach die weiteren Früchte zuckern, einlegen und immer etwas Rum übergießen. Kernobst schälen, das Kerngehäuse herausschneiden, und das Fruchtfleisch vierteln. Steinobst nur waschen, aber nicht entsteinen. Die eingelegten Früchte mit einem Teller beschweren, damit sie immer von Rum bedeckt sind. Wenn die obere Früchteschicht auf dem „Trockenen" liegt, noch etwas Rum nachgießen.

II. Die Rumfrüchte können je nach Geschmack kalt oder auch heiß gegessen werden.

Beilagen: Kleingebäck und Vanilleeis

Desserts & süsse Speisen

Omas Rumtopf war eine Verschlußsache

„Mit em Rhabarber jeht et loß, un mit de Quitte is et am Eng".

Anfang Mai begann Omas „Einlegearbeit" mit Früchten aus dem Garten, Zucker und Rum. Immer schön in der Reihenfolge der Ernte: Nach dem Rhabarber kamen die Erdbeeren, dann Stachelbeeren, Johannistrauben, Himbeeren, Kirschen, Brombeeren, Birnen, Äpfel, Mirabellen, Pflaumen und zum Schluß im Oktober die Quitten.

Omas größte Sorge war: „Dat mich keener vörher an dä Pott jeht."

Endlich, ab Mitte November, war es dann soweit. Bis dahin hatte Oma ihren „geistreichen" Schatz gehütet wie die Bank von England.

„Zum Nachdisch jibt et für jeede een oder zwei Löffelche. Mit dem Pott mösse mer bis zum nächste Fröhjohr uskomme. Janz afjesinn davon, dat mer mit zovill us dem Rumpott och janz schön dösich im Kopp wöhd – un dann is nix mie mit dem Spaß an de Freud".

RHEINISCHES RÜBENKRAUT

Zutaten:
Beliebige Menge Zuckerrüben, etwas Wasser

I. Zuckerrüben schälen und grob zerschneiden. Die Rübenschnitzel mit etwas Wasser unter ständigem Rühren weich kochen und dann zerstampfen.

II. Einen weiten Topf mit einem groben Leinentuch bedecken, das Mus durch das Tuch sieben; dabei kräftig durchstreichen, damit der Saft in den Topf fließen kann.

Desserts & süsse Speisen

III. Den Saft bei kleiner Hitze über einige Stunden einkochen lassen (er muß eine dunkle Farbe bekommen) bis ein dicker, gelierfähiger Sirup entstanden ist. Diesen in Gläser füllen. Die Gläser verschließen und einige Tage stehen lassen, damit der Sirup fest wird. Rübenkraut muß zähflüssig vom Löffel fließen.

Beilagen: Reibekuchen oder Pillekuchen. Man kann den Sirup auch auf ein Butterbrot streichen.

Rübenkraut oder „Knolli-Brandy"?

Man schrieb das Jahr 1946. Als Opa damals von seinen „Kompensationsgeschäften" vom linker Niederrhein mit einem Zentner Zuckerrüben zurückkam, hatte er die Idee, als Schnapsbrenner zu Reichtum zu gelangen.
„Lisbett, in de Prohibition hann de Amis vör e paar Johr doch och vill Jeld mit Schnaps jemacht. För een son Fläsch Schabau zahle se op em Schwazze Markt im Hofjaade jlatt hundert Mark."
Omas sonst so freundliche Augen funkelten zornig, und sie sagte: „Erwin, du bist jo vom Möpp jeflöppt. Weeste denn nimmie, wat dä Knolli-Brandy för ne dicke Kopp jibt? De Behörde hann dat Schwazzbrenne och verbode. Willste denn unbedingt in et Kaschott? Do jibt et kinne Knolli-Brandy; nur Wassersupp met dröj Brot. Nix do, mer mache Rübekraut – un dobei blievt et!"

Desserts & süsse Speisen

"STIEFE RIES MIT PRUMME"

Zutaten:
*200 Gramm Milchreis,
1 l Milch, 1 Prise Salz,
2 - 3 EL Zucker,
Zucker und Zimt gemischt*

I. Milch mit Salz und Zucker zum Kochen bringen, Hitze reduzieren. Reis heiß abspülen, in die kochende Milch geben, einmal aufkochen lassen. Hitze weiter reduzieren, und den Reis ganz schwach kochend in 30 - 40 Minuten ausquellen lassen.

II. Den Reis portionsweise auf dem Teller mit Zucker und Zimt bestreuen. Heiß oder kalt servieren.

Beilage: Pflaumenkompott

REGISTER

A

Aal	74
Altbier	78
Apfel	56, 64, 76, 84, 97, 98, 99, 119, 121, 132
Apfelkraut	93
Apfelkuchen	119
Apfelmus	56, 110
Apfelpfannkuchen	84
Apfelrotkohl	64
Aprikosen	16, 121

B

Bauchfleisch	26, 92
Beinscheibe	21
Bierwurst	107, 108
Birnen	62
Blutwurst	95, 98, 108
Bockwurst	28, 30
Bohnen	21
Bohnen, saure	38
Bohnensalat	81
Bohnensuppe	21
Bratäpfel	132
Bratkartoffeln	35, 61, 97
Bratwurst	108, 110
Brotsuppe	16, 18
Bürger-Schmarrn	85
Butterkeks	134

C

Champignons	57, 69, 70, 72
Chicoreesalat	95

D

Dicke Bohnen	92
Döppedötz	92
Dörrpflaumen	130
Düsselwellen	115

E

Eier	12, 35, 43, 61, 69, 72, 80, 85, 87, 88, 89, 92, 97, 99, 104, 107, 108, 112, 114, 115, 117, 119, 121, 124, 125, 126, 135
Eierstich	12
Eisbecher	130
Eisbein	34
Eissalat	69
Elisenküchlein	117
Endiviensalat	51, 85, 87, 104
Erbsen, frische	28
Erbsen, getrocknete	28, 34
Erbsensuppe	28
Erbspüree	34
Eßkastanien	64

F

Fasan	66
Feldsalat	36, 61, 93
Fischfilet	74, 76
Fleischwurst	107, 108

REGISTER

Flönz	95, 98, 108
Fohlenfleisch	36
Forellen	74
Frikadellen	108

G

Geflügelleber	69
Gemischter Salat	58, 107
Graupen	17, 130
Graupensuppe	17
Griebenschmalz	20, 26, 30, 88, 108
Gries	134
Grünkohl	25
Gulasch	36, 99, 104

H

Hackfleisch	35, 45, 54, 69
Hammelfleisch	26
Hammelkeule	61
Hammelkotelett	38
Haselnüsse	117, 124, 134
Heringssalat	97
Heringsstip	76
Himbeeren	130, 134
Himmel un Ehd	98
Hirschkeule	49
Honig	60, 123
Hühnerfrikassee	72

J

Johannisbeergelee	46, 61

K

Kalbfleischbällchen	111
Kalbsbraten	100
Kalbsleber	69
Kalbsschnitzel	40
Kalbssteak	101
Kaninchenbraten	45
Karpfen	82
Kartoffelklöße	26, 36, 46, 49, 53, 56, 60, 62, 64, 98
Kartoffelpüree	34, 43, 57, 67
Kartoffelsalat	87, 99
Kartoffelsuppe	30
Knoblauchbutter	100
Knoblauchwurst	18
Kokosflocken	124, 134
Kokos-Makronen	124
Kopfsalat	57, 70, 72, 74, 77, 80, 82, 89
Krabben	87
Kräuterbutter	87
Kümmelbutter	17
Kürbiskompott	133

L

Lachs	13, 80, 87
Lachsbutter	13
Leberklöße	43
Linsen	20
Löffelbiskuits	133
Löwenzahnsalat	35

Register

M

Maischolle	77
Maiskörner	69
Mandeln	56, 117, 119, 125, 132, 134, 135
Mangold	74
Markklößchen	12
Marmorkuchen	115
Martinsgans	64
Matjes	100
Matjessalat	100
Mehlklöße	104
Mettwurst	23, 25, 28, 85, 92
Miesmuscheln	77
Milchreis	138
Möhren	17, 20, 21, 28, 30, 49, 53, 54, 56, 60, 61, 64, 99, 108
Muzen	114

N

Neujahrssalat	106

O

Obst-Streuselkuchen	121
Ochsenbrust	51

P

Pellkartoffeln	78, 97, 99
Petersilienwurzel	17, 56
Pfeffernüsse	123
Pfifferlinge	67
Pflaumen	16, 125, 138
Pflaumenkuchen	125
Pillekuchen	93, 137
Porree	17, 20, 21, 28, 30, 54
Poularde	70, 72
Preiselbeeren	46, 49, 62
Printen	123
Pute	69

R

Reibekuchen	110, 137
Reis	69, 70, 72
Restepfanne	107
Rinderbraten	99
Rinderleber	43
Rinderrouladen	53, 99
Rindfleisch	56
Risi-Bisi	69
Röggelchen	21, 54, 88, 108
Rosinen	16, 56, 119, 132, 134
Rotbarschfilet	106
Rote Beete	97, 100
Rotkohl	53, 60, 99
Rübenkraut	136
Rübstielchen	110
Rumtopf	135
Russische Eier	88

S

Salbei	74
Salm	13, 80
Salzbutter	17, 21, 78

REGISTER

Salzheringe	76, 97
Sauerbraten	56
Sauerkirschen	126, 135
Sauerkraut	34, 43
Schellfisch	81
Schinken, gekocht	72, 100, 112
Schinken, roh	30
Schinkenspeck	35
Schinkenwurst	99
Schlangengurke	95
Scholle	77
Schrotsuppe	23
Schwartenmagen	108
Schwarzbrot	61, 78
Schweinebraten	57, 60, 99
Schweinebraten, sauer	60
Schweinefleisch, gepökelt	61
Schweinefüßchen	61
Schweinegulasch	26
Schweinemett	53
Schweinenieren	57
Sellerie	17, 20, 28, 30, 54
Selleriesalat	54
Soleier	88
Spargel	40, 72, 101, 111, 112
Spekulatius	125, 132
Steckrüben	30
Stielmus	110
Sülze	61
Suppenfleisch	17

T

Tomaten	13, 18, 26, 70, 106, 108
Tomatensuppe	13
Truthahn	69

V

Verlorene Eier	89

W

Waffeln	126
Walnüsse	97, 99
Weinbeeren	14, 60
Weinsuppe	14
Weißkohl	26, 45
Wiener Würstchen	35, 99
Wildhase	46
Wirsing	17, 26
Wurstsalat	108

Z

Zuckerrüben	136
Zwetschgen	125

Auf ein Alt...

PETERS BRAUHAUS
KASERNENSTR. 1
40213 DÜSSELDORF
TEL. 0211 / 86 78 680
FAX 0211 / 86 78 689
TÄGLICH 11.00 BIS 0.30 UHR

...auf ein
MONHEIMER
DAS BRAUHAUS ALT